LE BONHEUR EST DANS LA NATURE

Du même auteur

La Vie extraordinaire des animaux qui nous entourent, Pocket, 2019.
Les Insectes en bord de chemin, avec Vincent Albouy et François Lasserre, Delachaux et Niestlé, 2019.
Big Five. Le retour des grands animaux sauvages, Delachaux et Niestlé, 2018.
Des Kangourous dans mon jardin. Comment la nature change. Pourquoi nous devons lui faire confiance, avec Georges Feterman, Dunod, 2018.
Affreux, sales et marrants, Delachaux et Niestlé, 2018.
Félins, Hachette enfant, coll. « Déplidoc », 2017.
La Petite Bergère des loups, avec Mymi Doinet, Belin jeunesse, 2017.
50 histoires d'animaux pour comprendre Darwin, Librio, 2017.
Fleurs et arbres en bord de chemin, Delachaux et Niestlé, 2017.
La Nature au fil des saisons, Allary Éditions, 2016.
Zelda l'abeille vole à l'envers, avec Mymi Doinet, Belin jeunesse, 2016.
Le Sex-appeal du crocodile, Delachaux et Niestlé, 2016.
La Vie rêvée des morpions, Delachaux et Niestlé, 2016.
Campagnes, l'alternative !, dir. Bernard Farinelli, Libre & Solidaire, 2016.
Les Animaux en bord de chemin, Delachaux et Niestlé, 2015.
Comment se promener dans les bois sans se faire tirer dessus, Allary Éditions, 2014.
Safari dans la bouse, Delachaux et Niestlé, 2014.
Le Poney, Milan jeunesse, 2014.
Super bestiaire, Robert Laffont, 2013.
La Nature en bord de chemin, Delachaux et Niestlé, 2013.
Le Kama-sutra des demoiselles [2005], Robert Laffont, 2013.
Les Petites Bêtes, Milan jeunesse, 2013.
La Coccinelle, Milan jeunesse, 2012.
Week-end à la campagne, Delachaux et Niestlé, 2011.
La France sauvage, La Martinière, 2011.
50 astuces pour attirer les animaux, Milan jeunesse, 2010.
Darwin, c'est tout bête, Robert Laffont, 2009.
Objectif campagne, Delachaux et Niestlé, 2009.
Calme plat chez les soles, Robert Laffont, 2007 (premier prix Planète bleue – Nausicaá 2010).
Sous l'œil des rapaces, Fleurus, 2006.
Observer les animaux en hiver, Aspas, 2004.
Sur les traces des félins, Fleurus, 2004.
Guide d'identification des animaux sauvages, préface Bernard Clavel, ASPAS, 2002.
Du loup au chien, Hachette, 2001.
Phoques et otaries, Hachette, 2001.
Insectes et petites bêtes, Nathan, 1999.
Observer les animaux. Œil de lynx et ruses de Sioux, Gallimard jeunesse, 1997.

MARC **GIRAUD**

LE BONHEUR EST DANS LA NATURE

Illustrations de **Mélanie Crequer**

DELACHAUX
ET NIESTLÉ

Les illustrations ont été réalisées
par Mélanie Crequer.

Dépôt légal : mai 2019
ISBN : 978-2-603-02555-0

Couverture : Léa Larrieu
Réalisation : Nord Compo, Villeneuve-d'Ascq
Préparation : Guillaume Müller-Labé
Correction : Emmanuelle Bigot

Achevé d'imprimer en avril 2019
sur les presses de l'imprimerie Normandie Roto Impression s.a.s.
61250 Lonrai.
N°d'impression: 1901728

« La nature à chaque instant s'occupe de votre bien-être. Elle n'a pas d'autre fin. Ne lui résistez pas. »

Henry David Thoreau,
Walden ou la Vie dans les bois.

Avant-propos

« Soyez calmes et la nature vous parlera. »

Proverbe navajo.

La nature et les animaux nous font du bien. Pour nous en convaincre, imaginons un monde sans arbres, sans fleurs, sans oiseaux. Ce monde de machines et de béton, entièrement voué à l'humain, serait totalement inhumain. Heureusement nous n'en sommes pas là, mais déjà un « syndrome du manque de nature » a été identifié chez nombre de nos contemporains[1]. En effet, nous éloigner de la nature nous éloigne également de nous-mêmes. Nous en rapprocher nous réconcilie avec le bonheur de vivre. Le retour aux sources, parmi les arbres et les animaux, nous est bénéfique, voire nécessaire, car nos racines profondes parlent toujours en nous. C'est le thème de ce livre résolument positif ; il vous fera du bien.

Je suis un naturaliste de terrain, c'est-à-dire quelqu'un qui observe et étudie la nature... dans la nature. De mon inépuisable passion pour les animaux, ma curiosité s'est peu à peu étendue aux végétaux puis aux interactions entre les uns et les autres et,

1. Voir par exemple : Cheryl Charles et Richard Louv, « Children's nature deficit : what we know – and don't know » (« Ce que nous savons ou pas du syndrome de manque de nature chez les enfants »), *Children & Nature Network*, septembre 2009.

enfin, à l'ensemble du vivant, comme dans un zoom d'ouverture sur le monde. Ce livre correspond à ce cheminement. Au fil du temps, j'ai compris à quel point cette joie intense d'être dans la nature ne vient pas du seul plaisir de la connaissance, mais d'abord de la nature elle-même, de cette palpitation de vie omniprésente qui vous imprègne au point de changer positivement votre façon d'être. Ce bonheur est étrangement simple, mais il est fort, viscéral, et j'entends bien vous le faire partager avec ces expériences pratiques qui ont fait leurs preuves. La plupart sont accessibles à tous, aussi bien aux habitants des campagnes qu'aux citadins, y compris les plus jeunes, car les enfants d'aujourd'hui, souvent prisonniers de leurs écrans et d'une vie sans aventures sensorielles naturelles, ont un besoin accru de plein air et de contacts avec des animaux.

Jamais dans ce livre il ne sera question de « biodiversité », ce terme technocratique qui n'englobe en rien la dimension imaginaire, puissante et sacrée de la nature. Nous sommes en train d'oublier cette notion fondamentale de *nature*, y compris dans les couloirs du ministère de l'Écologie et dans les discours de ses protecteurs eux-mêmes. Une étude montre qu'elle disparaît même dans les dessins animés des studios Disney[1] ! C'est ce que les psychologues appellent « l'amnésie environnementale générationnelle[2] », ou « l'extinction de l'expérience[3] ». La nature disparaît

1. A. C. Prévot-Julliard, R. Julliard et S. Clayton, « Historical evidence for nature disconnection in a 70-year time series of Disney animated films », *Public Understanding of Science*, vol. 24, n° 6, 2014.

2. P. H. Kahn, « Children's affiliations with nature : structure, development, and the problem of environmental generational amnesia », dans P. H. Kahn et S. R. Kellert (dir.), *Children and Nature : Psychological, Sociocultural, and Evolutionary Investigations*, Cambridge, MIT Press, 2002, pp. 93-116.

3. James R. Miller, « Biodiversity conservation and the extinction of experience », *Trends in Ecology and Evolution*, vol. 20, n° 8, 2005 ; Will R. Turner, T. Nakamura et M. Dinetti, « Global urbanization and the separation of humans from nature », *BioScience*, vol. 54, n° 6, 2004.

de notre vue mais aussi de nos esprits, et plus elle s'en retire, moins nous songeons à sa protection.

À l'inverse, de nombreuses études de psychologie ont démontré ce cercle vertueux : plus les gens sont proches de la nature, plus ils sont heureux[1]. Et plus ils sont heureux, plus ils ont tendance à protéger la nature, car ils préservent leur source de bonheur ! Cette prise de conscience bénéfique est nécessaire à toutes et tous.

Tout au long de cet ouvrage, nous constaterons un curieux aller et retour entre notre nature intérieure et la nature extérieure, un étonnant jeu de correspondances qui se manifestent partout, notamment avec les animaux. Nous découvrirons par exemple la rapidité avec laquelle un cheval peut refléter votre état émotionnel, son comportement calme ou nerveux vous faisant immédiatement visualiser ce que vous vivez profondément (voir page 232, « Un étonnant révélateur d'émotions ». De tels échanges se retrouvent partout, aussi bien entre nos cellules à l'intérieur de notre organisme qu'à l'extérieur dans les écosystèmes, où tout est connecté : les arbres troquent des nutriments et des informations, les fleurs communiquent avec les insectes qui les fertilisent et les humains ont besoin des abeilles. En prenant une hauteur de vue holistique, c'est-à-dire plus globale, nous pourrons ressentir ces liens vivants qui nous entourent. Il ne s'agit pas de nous servir de la nature seulement pour aller mieux, ce qui serait encore une forme d'exploitation, mais bien de nous reconnecter avec elle par tous nos sens, d'éprouver à quel point nous en faisons partie, à quel point elle est en nous.

Pour retrouver notre nature, qu'elle soit extérieure ou intérieure, il nous faut d'abord nous libérer de cette mentalité anthropocentrique qui domine nos sociétés, et qui nous a isolés du reste du monde vivant. Notre civilisation a honte de nos origines

---

1. Voir entre autres les études des chercheurs de l'université de Chiba au Japon sur le *shinrin-yoku* et des universités du Kansas et de l'Utah aux États-Unis.

naturelles, de notre fonctionnement animal, organique et émotionnel[1]. Elle organise tout pour les faire oublier, nous élevant hors-sol comme de pauvres poulets industriels, et elle nous influence malgré nous avec ses préjugés d'un autre âge. Elle nous impose encore des frontières idéologiques corps/esprit, animal/humain, nature/culture ou écologie/économie qui ne tiennent plus. Parmi celles-ci, il y a cette opposition simpliste entre la science rationnelle, qui représenterait la seule façon de penser acceptable, et toutes les autres formes de connaissance, un peu trop vite assimilées à de la crédulité sans fondement. Parmi ces connaissances, certains savoirs traditionnels décrits dans ce livre, issus d'autres cultures plus ouvertes à l'intuition ou aux sensations, ne sont pas nés de démarches cartésiennes, mais d'une observation subtile de soi-même et du monde rendue possible grâce à la méditation, au silence, et évidemment au contact avec la nature. Ils trouvent une légitimité puissante dans le ressenti d'un nombre grandissant de témoins ou de pratiquants. La posture qui ne serait pas rationnelle, ce serait celle de les ignorer. Albert Einstein lui-même a déclaré : « Le mental intuitif est un don sacré et le mental rationnel est un serviteur fidèle. Nous avons créé une société qui honore le serviteur et a oublié le don[2]. » N'allons donc pas chercher la science dans des registres qui ne sont pas les siens : elle ne peut pas tout expliquer de la vie, et la vie, heureusement, ne se résume pas à ce qui entre dans des démonstrations cartésiennes[3].

Ce livre est avant tout un guide pratique fondé sur l'expérimentation concrète, l'esprit critique et le bon sens. Sans préjugé, s'appuyant à la fois sur les avancées de la science et sur des savoirs

1. François Terrasson, *La Civilisation anti-nature*, Sang de la Terre, 2008.

2. Albert Einstein, *Comment je vois le monde*, Flammarion, 2009.

3. À ce propos, l'un des plus beaux paradoxes de la science pure est d'avoir abouti à la relativité du temps et de l'espace révélée par Einstein, ou encore à la physique quantique, qui fait également exploser nos raisonnements logiques : par exemple, une particule peut se trouver à deux endroits en même temps, ce qui frise la magie dans un univers strictement rationnel.

anciens, il vous présente un large éventail des pratiques naturelles susceptibles d'améliorer votre quotidien et de vous rendre heureux. Mieux que vous promettre la lune, cet ouvrage vous procurera un chaleureux rayon de soleil. L'aptitude au bonheur se cultive : tout au long de ce chemin, nous apprendrons à nous arrêter à ces moments d'authentique joie de vivre que nous offre la nature, à les savourer par tous nos sens, à les intégrer en nous pour, à la longue, les souder en un moral d'acier. « Le bonheur n'est pas quelque chose qui nous arrive, mais une compétence que nous développons », rappelle Matthieu Ricard dans son *Plaidoyer pour le bonheur*. Nous parlerons ronronthérapie, sylvothérapie, luminothérapie, olfactothérapie, lamathérapie, baladothérapie et nous prendrons bien d'autres chemins pour illuminer nos vies. Avec tout cela, ça devrait aller mieux !

En plein air

Libérez vos sens

« L'odorat, le mystérieux aide-mémoire, venait de faire revivre en lui tout un monde. »

Victor Hugo, *Les Misérables.*

Et si, pour commencer notre cure de bien-être, nous mettions simplement le nez dehors ? Ce nez, justement, est la voie d'entrée de l'odorat, le plus primitif de nos sens. Il s'éveille en nous avant même notre naissance, à sept mois *in utero.* Son histoire est quasiment aussi ancienne que celle de la vie, et il reste le premier sens vital pour la plupart des animaux. Bien que réduit chez nous par rapport aux autres mammifères, notre flair demeure plus important qu'on ne le pense dans notre quotidien, dans nos ébats érotiques comme dans nos choix gastronomiques, et il nous manipule discrètement. De là à dire qu'il nous mène par le bout du nez...

L'odorat est lié à l'émotion et à la mémoire. En effet, lorsque l'information olfactive a pénétré votre cerveau, elle est dispatchée pour un traitement émotionnel via le système limbique (voir l'encadré « Petit guide de nos cerveaux », page 19) et provoque une réaction de votre amygdale cérébrale[1]. Celle-ci est la sentinelle de la peur, et elle est impliquée dans la détection du

1. À ne pas confondre avec les amygdales de la gorge, l'amygdale cérébrale joue un rôle clé dans la reconnaissance des stimuli sensoriels.

plaisir : elle transmet donc des émotions fortes. Cette connexion directe avec nos émois explique que, pour nous, les odeurs sont soit bonnes, soit mauvaises et appellent presque toujours à une sensation positive ou négative.

Les fragrances agréables mettent dans de bonnes dispositions et peuvent même favoriser des comportements altruistes, comme cela a été expérimenté avec la vanille : les personnes testées donnaient plus volontiers de leur temps que les autres pour des actions de bénévolat si elles avaient été en contact avec ce parfum[1]. Les odeurs peuvent encore favoriser les rencontres, comme l'indiquent certaines expériences : des recherches ont en effet montré qu'un jeune homme qui drague dans un endroit agrémenté de fumets agréables, comme près d'une fleuristerie ou d'une boulangerie, aura plus de succès auprès des filles que dans un endroit neutre[2] ! Notons que les parfums que nous utilisons pour notre « look olfactif » ont une nette tendance végétale. Quoi de plus pertinent que de s'imprégner des parfums de la nature, quand il s'agit de conter fleurette ?

VOL DIRECT POUR LE PARADIS

Après une averse, humez les odeurs de mousse, de terre et de champignon réveillées par l'humidité. Toute une atmosphère de contes de fées s'éveille en vous, des réminiscences de l'enfance. Lors de vos promenades, frottez des feuilles pour en apprécier le parfum, et vous découvrirez un univers aussi riche et sensuel que celui de la gastronomie : l'olfaction et le goût sont des sens très proches l'un de l'autre. Fermez les yeux pour mieux laisser agir votre odorat, et peut-être laisser monter des souvenirs.

Dans certains parcs publics, il existe des jardins de senteurs destinés aux personnes malvoyantes, avec des pancartes en braille et

1. Grimes, 1999.

2. Jean-Christophe Guéguen, *L'Odyssée des parfums. De la thérapeutique à l'esthétique*, Pharmathèmes, 2006.

des plantes aromatiques. Tout y est fait pour titiller nos narines. Ne vous privez pas des délices de l'odorat : inspirer le parfum d'un chèvrefeuille, d'un iris ou d'un jasmin, c'est un voyage direct au paradis.

L'OLFACTOTHÉRAPIE

Cette thérapie alternative, qui comme son nom l'indique consiste à soigner par les odeurs, est parfois utilisée en hôpital. Elle peut permettre des guérisons inattendues : ainsi un jeune motard accidenté, dans le coma depuis trois mois à l'hôpital Raymond-Poincaré de Garches, a-t-il été « réveillé » par des diffusions de parfum de menthe, qui lui ont rappelé sa grande passion pour les chewing-gums[1]. Même si des guérisons aussi spectaculaires ne sont pas fréquentes, celle-ci et quelques autres montrent à quel point notre odorat est puissamment ancré en nous. Véhiculés par la respiration, qui est constante, les parfums agissent sur nos souvenirs émotionnels même lorsque d'autres fonctions cérébrales sont inactives, ce qui peut s'avérer utile après un AVC par exemple. Capables d'effets thérapeutiques, les odeurs ont donc le pouvoir secret de nous faire du bien.

Petit guide de nos cerveaux

Pour bien comprendre comment nos perceptions et nos émotions fonctionnent, il faut déjà savoir comment marche notre cerveau. Traditionnellement, on a divisé celui-ci en trois zones, mais cette théorie schématique est contestable, car chaque partie agit en liaison avec les autres. Cependant, cela permet de distinguer les fonctions principales de chacune d'entre elles.

1. Cas relaté dans l'enquête de Samuel Socquet, « L'étonnant pouvoir des odeurs », *Inexploré*, n° 29, janvier-mars 2016.

- Le « cerveau reptilien », ou archaïque, est situé en haut de la moelle épinière. Il assure les fonctions ne faisant pas appel à la conscience, comme les battements cardiaques ou la respiration.
- Le « cerveau des émotions », dévolu au système limbique, intervient dans l'attention, le stress ou dans la mémoire à long terme. Il comprend l'hypothalamus, l'amygdale ou encore l'hippocampe.
- Le « cerveau humain », ou néocortex, est la partie apparue la plus récemment dans notre évolution et la plus extérieure ; siège du raisonnement logique, de la pensée abstraite et du langage.

Cette schématisation revient à oublier notre « deuxième cerveau », notre intestin, qui contient 200 millions de neurones et participe à nos émotions. Le microbiote qu'il abrite, ou « flore intestinale », dialogue avec notre cerveau du haut et l'influence. Nos écosystèmes internes jouent donc un grand rôle dans nos humeurs et dans notre bien-être.
Cependant, cette vision est encore trop réductrice, car nos autres organes, telle la peau (voir « Pieds nus sur la terre sacrée », page 35), sont également connectés au cerveau. D'autre part, des neurones ont été découverts dans le cœur, ce qui pourrait expliquer des changements de comportement observés chez les personnes greffées : nous sommes un tout, et en nous tout est lié.

SENTEZ-VOUS BIEN

Installez-vous à l'extérieur, de préférence dans un endroit entouré de végétation. Une fois dehors, tous vos capteurs sensoriels vont s'épanouir comme des enfants lâchés dans une cour de récréation, ivres d'espace, de couleurs et de senteurs. Laissez-les vous parler. Mettez-vous à l'écoute de la température ambiante ou de votre position, regardez, humez, touchez, bougez. C'est déjà le début du bien-être.

Si nous comptons tous nos sens, nous pouvons en dénombrer une vingtaine. Nous nous en servons tous les jours, mais nous ne connaissons même pas leur nom. La mécanoception, par exemple, englobe les récepteurs du toucher, qui permettent le plaisir et le bien-être ; la thermoception nous renseigne sur la température grâce à des capteurs spécifiques dans notre peau ; la proprioception nous informe sur la position et les mouvements de notre corps dans l'espace ; le sens de l'équilibre nous évite de tomber ; la nociception nous donne la sensation de la douleur ; l'intéroception concerne ce que nous ressentons à l'intérieur de notre organisme...

Prenez conscience du fonctionnement global de votre corps, sentez comme il perçoit le monde, savourez cette joie simple et intense d'exister, d'être là. Cet éveil des sens vous permettra de faire taire les agitations de votre mental, première étape de votre épanouissement : oubliez les prises de tête, testez le lâcher-prise !

Sortez les enfants !

> « L'homme a besoin d'espace, plus exactement d'espace libre : pouvoir courir, crier, porter loin son regard est certainement nécessaire à l'équilibre, au trop-plein corporel et psychique des individus, surtout ceux en pleine explosion, en plein dynamisme comme les enfants et les jeunes. »
>
> Louis Espinassous,
> *Pour une éducation buissonnière.*

Pour la deuxième étape de notre épanouissement, nous restons dehors, nous pouvons même y emmener toute la famille. En plein air, chacun peut confronter son corps avec les éléments, expérimenter ses possibilités et ses limites. Les enfants devraient tous bénéficier de cette éducation fondamentale offerte par la nature, et ce chapitre leur est particulièrement destiné, même s'il concerne tous les âges. Pour le jeune humain gonflé d'énergie et en plein développement, il est essentiel d'aller à la campagne s'il n'y habite pas, de grimper dans les arbres, de construire des cabanes, d'observer les fourmis ou de patauger dans les ruisseaux[1].

---

1. Le livre de référence à ce sujet est *Last Child in the Woods* [Le Dernier Enfant dans les bois] de Richard Louv, publié en... 2005. Richard Louv a fondé l'ONG Children & Nature. Publiés dans les années 1990, les ouvrages de Joseph Cornell ont également inspiré des générations d'animateurs nature.

Rien ne remplace cette relation directe avec la réalité, joyeuse, formatrice et génératrice de bonheur.

Si vous le pouvez, rendez-vous donc régulièrement à la campagne. Emmenez-y vos enfants, confiez-les à la famille ou à des amis pendant les vacances, ou accordez-leur un séjour encadré[1]. Pour vous, la difficulté consistera à trouver le bon dosage entre la liberté dont vos enfants auront besoin, avec ces moments seuls qui leur feront vivre l'exceptionnel, loin des adultes, et l'indispensable sécurité qui doit les préserver. La régularité ou la durée de ces rencontres avec la nature sont importantes, car l'enfant finira par s'approprier le lieu, en découvrir les coins secrets au cours de ses explorations, y bâtir son imaginaire.

Déjà accros au virtuel, certains jeunes montreront un réflexe de réticence à l'idée de quitter leurs chers écrans, mais ce contact avec la nature agira sur eux comme une cure de désintox[2]. Même s'ils n'ont pas encore eu l'occasion d'en prendre conscience, tous les enfants adorent jouer dans la nature. S'ils ont la chance de passer une nuit à la belle étoile, ce souvenir grandiose restera gravé à jamais dans leur esprit ; c'est un des plus beaux cadeaux que vous puissiez leur offrir. Fiodor Dostoïevski ne dit pas autre chose dans *Les Frères Karamazov* : « Il n'y a rien de plus important au monde, et pour le monde, qu'un beau souvenir d'enfance. »

S'il vous est impossible d'offrir un séjour nature à vos enfants, vous pouvez néanmoins leur permettre de jouer dans les lieux les plus naturels possible, comme les parcs et les bois urbains, et leur laisser le temps d'inventer des jeux avec les éléments de leur environnement, de trouver en eux les ressources qui développeront leur imaginaire. Car être livré à soi-même, sans activité cadrée, et inventer des jeux n'est pas inutile, bien au contraire !

1. Parmi d'autres, le Réseau École et Nature encourage les sorties sur le terrain : éduquer dehors, telle est sa mission – vous retrouverez les adresses utiles en fin d'ouvrage.

2. Voir www.sante-enfants-environnement.com/sante-des-enfants-comment-la-proteger-du-syndrome-du-manque-de-nature-14/

Les joies du plein air

Pour les animaux sauvages dans leur habitat naturel, la moindre faiblesse peut s'avérer fatale. Dans ce contexte impitoyable, si le jeu a été retenu par des millénaires de sélection naturelle, c'est qu'il n'est pas futile[1]. Il est nécessaire à la survie des animaux, et il joue un rôle clé dans leur formation. Toutes les espèces ayant un cerveau développé apprennent la vie en jouant. Leurs jeux sont faits de poursuites, de galipettes, de plongeons au cours desquels les petits éprouvent la belle mécanique de leur corps, où ils testent leur rapport avec leur environnement et avec les autres. Les jeux collectifs apprennent aux participants à respecter des règles et à vivre en groupe. Il en est de même pour les enfants humains, et ces jeux d'initiation ne sont pleinement possibles ni dans un appartement ni même dans un stade, dont les limites ne permettent que des activités très encadrées, et trop souvent fondées sur la compétition. Seule la variété des éléments naturels procure vraiment aux enfants les surprises stimulantes de l'inattendu, les opportunités d'inventer des réponses et d'apprivoiser l'inconnu. De leurs tâtonnements et de leurs explorations, ils sortiront beaucoup plus forts et plus aguerris.

Même si une simple sortie scolaire n'est qu'un échantillon limité de l'immensité de la nature, j'ai souvent constaté qu'elle pouvait suffire pour être un déclencheur : en tant que guide naturaliste, j'ai presque toujours vu des supposés cancres se révéler soudain curieux, éveillés, brillants, ce qui provoquait la surprise réjouie de leurs enseignants. Il leur manquait la dimension de l'espace et du concret pour devenir eux-mêmes. Bien sûr, l'école apporte un savoir indispensable, mais l'éducation n'est pas complète sans plein air. Rappelons-nous que le mot « éduquer » vient du latin *ex ducere*, « conduire à l'extérieur ».

---

1. Voir Marc Giraud, *Darwin c'est tout bête !*, Robert Laffont, 2009.

Zappez les écrans

S'il est devenu important d'éduquer nos enfants au plein air, c'est parce qu'ils en sont privés. Dans un environnement spatial et sensoriel appauvri, les petits chimpanzés développent moins leurs capacités physiques et intellectuelles. Il en est de même pour les petits humains élevés hors-sol. Pour eux, rien ne remplace la manipulation d'objets en trois dimensions : « L'enfant s'approprie ainsi les notions de poids, de mesure, de taille, d'ordre croissant. Il les porte à sa bouche, les sent, les fait tomber... Autant d'actions impossibles à réaliser avec un écran, même dans le cas d'activités à vocation "pédagogique" », nous explique la psychologue clinicienne Sabine Duflo[1]. L'enfant doit non seulement faire l'expérience de ses sens à l'aide de son environnement, mais aussi agir en interaction émotionnelle avec ses parents, répondre à leur voix, leurs sourires, leurs expressions faciales, jouer avec eux et avec d'autres, ou encore avec des animaux pour faire l'apprentissage de l'empathie.

Les enfants qui restent scotchés devant leur écran plus de trois heures par jour récoltent des résultats scolaires faibles, quels que soient leur milieu social et leurs capacités. Les stimuli visuels envoyés par la télévision changent vite et demandent peu d'activité intellectuelle. Par conséquent, le jeune téléspectateur ne sait plus faire l'effort de se concentrer et il éprouve des difficultés pour apprendre par lui-même. Le petit écran plonge le cerveau humain dans une sorte d'hypnose et de passivité. Chez les enfants, dont les neurones sont en pleine croissance, la partie du cerveau qui favorise l'analyse et l'esprit critique est sous-développée, et leur imaginaire est bridé. Il existe des dépressions de l'enfant et de l'adolescent liées à l'utilisation d'écrans : scintillements bleus qui déphasent le sommeil, violence à portée de clic, contenu inadapté, « nourriture » cognitive imposée sans aucun stimulus de l'imaginaire, etc.

1. Dans une interview menée par Marc Belpois : « Attention, on perd leur attention », *Télérama*, n° 3542, 2-8 décembre 2017.

Les écrans accroissent également le risque d'obésité. En effet, lorsqu'un jeune reste rivé à sa tablette ou sa télé, il ne fait pas d'exercice, ses perceptions sont émoussées et ses « signaux de satiété » fonctionnent mal. Les enfants grignotent plus devant un programme télé, et les enfants obèses qui visionnent des pubs sont encore plus poussés à la consommation excessive que les autres.

Une étude publiée dans la revue *Pediatrics*, conduite sur un millier de jeunes, démontre qu'un enfant scotché plusieurs heures par jour à un écran encourt plus de risques que les autres de devenir agressif ou antisocial une fois adulte. Chaque heure supplémentaire devant la télé augmente de 30 % le risque d'avoir un jour des problèmes avec la justice ! En France, la moyenne pour les 4-14 ans est aujourd'hui de près de 3 heures quotidiennes de gavage de cerveau.

Évidemment, les smartphones sont très pratiques dans notre vie quotidienne, et la télévision offre parfois d'excellents programmes. Mais même si l'utilisation des écrans n'est pas en elle-même nocive, même si certains jeux peuvent développer la rapidité ou la mémoire, et même si les outils informatiques peuvent se révéler utiles à des élèves en difficulté, leur usage anarchique et abusif est néfaste. Il est particulièrement nuisible aux enfants, y compris si les parents en accompagnent l'usage. Mais les industriels proposent de plus en plus d'écrans à leur jeune clientèle, dans leur berceau et jusque sur leur pot pour les plus petits. Ils s'infiltrent dans les écoles, les collèges et les lycées pour faire goûter aux enfants leurs produits et les enfermer ainsi dans des besoins artificiels[1]. En fait, les écrans sont d'abord nécessaires à ceux qui les vendent.

1. Dans son article « Quand l'Éducation nationale croque dans la pomme... » (*Naturelles*, n° 7, hiver 2017-2018), Céline Chabert dénonce la proximité entre le ministère et les industriels. D'autre part, elle rappelle que les grands cadres de la Silicon Valley, quant à eux, évitent que leurs propres enfants se servent des outils informatiques qu'ils nous vendent ! Voir aussi le CoSE (Collectif surexposition écrans), www.surexpositionecrans.org

Le danger de l'excès d'écrans est réel, car il peut conduire à des symptômes graves. Les enfants de 0 à 4 ans qui y sont trop exposés n'explorent plus leur entourage et risquent de développer divers troubles physiques et mentaux, à tel point que des médecins parlent d'« autisme virtuel ». Parmi les symptômes : des difficultés motrices des mains ou d'aptitude à la marche, des déficiences du langage ou de la faculté à créer des liens sociaux, voire un isolement relationnel dans les cas les plus sévères. Mais la solution existe, et elle est très accessible : sevrer un enfant addict aux écrans suffira à le faire revenir petit à petit à la réalité. Mieux encore : l'emmener à la campagne, ou au moins en plein air, éveillera ses sens et le replacera solidement dans la vie.

Marchez en mode préhistorique

« Les pensées en marchant sont faites à moitié de ciel. »

Virginia Woolf.

L'humain est un bipède. La marche constitue la mécanique fondamentale de nos déplacements, et c'est elle qui nous différencie physiquement des autres animaux[1] : nous sommes les seuls mammifères, et même les seuls primates, dont la silhouette reste verticale. Nous serions bâtis pour marcher 17 kilomètres par jour, distance que parcouraient habituellement nos ancêtres de Cro-Magnon, car leurs deux jambes étaient leur unique moyen de les conduire à leur subsistance. Mais depuis la préhistoire, nous avons perdu environ la moitié de notre masse osseuse et musculaire.

Aujourd'hui dans les pays industrialisés, les longues marches ne sont plus nécessaires. Si nous avons ainsi évité les inconvénients que la marche implique (fatigue, ampoules...), nous avons aussi oublié ses grands avantages. Cette rupture avec les déplacements à pied commence dès le plus jeune âge : les enfants

1. L'être humain faisant partie du règne animal, pour les autres espèces il faudrait systématiquement préciser « animaux non humains », mais cela alourdirait trop les formulations. Nous en resterons au langage habituel, mais avec cette précision en tête.

sont souvent conduits en car scolaire ou en voiture à l'école, ils perdent petit à petit le sens de la marche, voire de l'effort, alors qu'ils ont pourtant besoin de passer une bonne heure à se dépenser chaque jour. Résultat : les jeunes générations ont moins de capacités physiques que leurs parents ; ils respirent moins bien, ils courent moins vite et montrent moins d'endurance. Le retour à un exercice physique régulier est donc nécessaire pour se maintenir en bonne santé.

La marche, comment ça marche ?

Cette activité physique ne vous demande aucune technique, aucun matériel, aucun moyen financier et n'implique aucune compétition. Quoi de plus simple ? L'essentiel consiste juste à vous laisser aller au mouvement régulier de vos jambes, à votre rythme ! La chanson de scouts intitulée *Dans la troupe* le claironne : « La meilleure façon d'marcher, c'est encore la nôtre ; C'est de mettre un pied d'vant l'autre, et d'recommencer. » En fait, cela ne suffit pas : il faut aussi penser aux bras. Libres, vos bras se balancent au rythme de la marche. Ils ouvrent ainsi votre cage thoracique et vous permettent de respirer pleinement.

À l'heure où nous passons notre temps soit en suractivité, soit bloqués devant des écrans, la marche rééquilibre notre vie. Elle fait jouer notre squelette, la moitié de nos muscles, notre système nerveux et notre circulation sanguine. La marche puise également dans les graisses et fait baisser le taux de cholestérol sanguin. L'activité physique fait respirer plus fort, la circulation sanguine activée élimine mieux les déchets, elle oxygène l'organisme et le cerveau. À l'effort, le cœur va intensifier son fonctionnement et va se muscler. Grâce à cet entraînement, il sera plus lent au repos, ce qui le rendra plus performant lorsqu'il sera stimulé pour un exercice. Il se fatiguera moins qu'avant pour une activité équivalente. Tous ces bienfaits ont été validés par l'Organisation mondiale de la santé (OMS) en 2012.

Le fait de bouger favoriserait l'irrigation du cerveau et lutterait ainsi contre le déclin cognitif. La majorité des études à ce sujet montrent un lien indiscutable entre l'activité physique et la qualité du vieillissement. La marche favorise la restauration des neurones, car le système nerveux est capable de plasticité. Une partie de notre cerveau liée à la mémoire (l'hippocampe) rétrécit avec l'âge. Mais une promenade régulière lui permettra de retrouver son volume : marcher, c'est aussi faire marcher sa mémoire !

Retrouvons le sens de la marche

Marchez en mode préhistorique ! L'idéal serait de retrouver les expériences de marche de nos ancêtres de Cro-Magnon en franchissant différents obstacles comme des troncs d'arbres jonchant le sol, des branches basses à éviter, des pentes glissantes ou des ravins à enjamber, afin de faire jouer tous vos muscles, votre souplesse et vos articulations. Cette gymnastique douce et naturelle pourra vous éviter les problèmes courants de la vie moderne tels que le mal de dos. Donc, marchez en observant des ruptures de rythme, avec des montées, des descentes, des arrêts. En ville, n'hésitez jamais à prendre les escaliers[1] !

Évitez de vous charger, profitez de l'instant et des beautés du paysage. Si vous vous promenez ne serait-ce que 30 minutes chaque jour, et de préférence dans la nature, les bienfaits pour votre santé en seront déjà avérés (voir page 40). Pour le reste, il suffit de laisser vagabonder votre esprit à la cadence de vos pas, de savourer un sentiment de liberté sans entraves, sans souci de performance.

Certains marcheurs utilisent une application sur leur smartphone pour compter leurs pas. Certes, cela peut servir de prise de conscience et d'outil de motivation, mais est-il si nécessaire de tout transformer en statistiques, de tout faire analyser par des robots, y compris l'activité la plus naturelle du monde ?

1. Meyer, et *al.*, 2010.

La baladothérapie, c'est au contraire rompre avec l'obsession de la vitesse et de la performance. C'est la qualité plutôt que la quantité, c'est prendre le temps de regarder autour de soi, de respirer, écouter, s'arrêter pour toucher un arbre, sentir une plante ou observer un oiseau. C'est la balade du naturaliste curieux de tout, nez au vent, tous sens en éveil, qui s'enrichit au quotidien[1]. C'est aussi la flânerie de celui qui n'attend rien de spécial, qui laisse venir les choses à lui, sereinement, sans but particulier. Bref la baladothérapie est en principe plus proche de la contemplation apaisante que de la performance sportive. Et si vous essayiez la promenade libre, sans téléphone, sans montre, sans provisions et autres pesanteurs inutiles ?

L'inspiration vient en marchant

En marchant, on renoue avec son corps, on reprend le contact avec la terre et avec le ciel. On s'inscrit dans le paysage, on se réapproprie l'espace, on s'ouvre à la grandeur du monde.

En marchant, on rejoint aussi d'autres sphères, celles qui font jaillir en nous les idées spontanées et l'inspiration, et qui déclenchent les mystérieux processus de la création. Jean-Jacques Rousseau, comme tant d'autres écrivains, poètes, philosophes, peintres, musiciens ou scientifiques, ne pouvait pas penser et créer sans marcher.

En marchant, on avance aussi intérieurement. De la même manière que le rythme répétitif d'une musique peut provoquer une transe, la cadence régulière de la marche, alliée à une saine fatigue, nous conduit petit à petit vers un autre état. Nous ne sommes plus qu'un corps anonyme qui chemine hors du temps, un réceptacle de pensées libres et fructueuses, une jonction entre l'intime et l'universel. Certains bouddhistes méditent en marchant ; en marchant, des scientifiques trouvent des solutions à leurs problèmes. La marche est physique et métaphysique.

---

1. Voir les titres de la collection « En bord de chemin » chez Delachaux et Niestlé, de Marc Giraud : *La Nature en bord de chemin* (2013), *Les Animaux en bord de chemin* (2015), *Fleurs et arbres en bord de chemin* (2017).

Promenez-vous pieds nus

> « N'oubliez pas que la terre se réjouit de sentir vos pieds nus et que les vents joueraient volontiers avec vos cheveux. »
>
> Gibran Khalil Gibran, *Le Prophète*.

Que ce soit par les mains, par les pieds ou par n'importe quelle partie de notre corps, le toucher est l'un des sens les plus oubliés dans notre société. En dehors de certains professionnels, comme les coiffeurs, les masseurs ou les médecins, on ne se touche pas facilement les uns les autres. Les enfants, qui n'ont naturellement pas ces tabous, apprennent tôt ou tard à faire taire leur spontanéité et à se restreindre.

Par bonheur, avec les animaux domestiques nous gardons des rapports spontanément très tactiles, nous aimons caresser les chats et les chiens. S'ils ne sont ni trop farouches ni trop agressifs, notre plaisir de farfouiller dans leur fourrure est réciproque[1]. Ils nous offrent leur plaisir et stimulent le nôtre. Capables de caresser, de palper et de masser, nos mains sont de merveilleux outils de bien-être. Jeux de mains, jeux de malins !

---

1. Voir notamment le chapitre sur la zoothérapie, pages 195 à 205, « Adoptez un animal ».

L'INTELLIGENCE DE LA PEAU

Avec près de 2 mètres carrés de surface pour un poids de 3 à 4 kilos, la peau est le plus grand et le plus lourd de nos organes. Il ne s'agit pas d'une enveloppe neutre, elle est vivante. Chaque jour, 10 milliards de petits bouts de peau morte tombent de notre corps et sont remplacés : notre peau se renouvelle entièrement toutes les quatre semaines environ. C'est moins spectaculaire que chez les serpents, qui quittent leur vieille enveloppe quasiment d'un seul coup, mais c'est aussi efficace. Vous êtes mal dans votre peau ? Vous pourriez laisser passer un mois...

Comme nos intestins, notre peau pourrait elle aussi être considérée comme un cerveau à part entière car elle est intimement connectée au cerveau depuis son apparition : elle a la même origine embryonnaire que lui ! Nos perturbations psychiques se traduisent d'ailleurs prioritairement par des problèmes dermatologiques et digestifs.

Limite externe de notre organisme, qu'elle protège des agressions, notre peau se situe à l'interface entre nous et le monde. Elle perçoit la douleur, les caresses ou le moindre courant d'air. Dotées de milliers de capteurs sensoriels, les parties les plus sensibles de notre anatomie sont les mains et le bout des doigts, les plantes des pieds, la langue, les lèvres et les organes sexuels. En dehors des ébats érotiques, toutes ces parties de notre corps ne sont guère stimulées : contraints par les habitudes de notre culture, emprisonnés par les vêtements, enserrés dans les chaussures, assignés à résidence par notre vie sédentaire, notre peau et nos sens tactiles sont en hibernation. Les massages et différentes activités naturelles permettent de les réveiller, et d'apporter au reste du corps quelques prises de conscience en même temps qu'un immense bien-être.

Pieds nus sur la terre sacrée

Marchez pieds nus, vous retrouverez des sensations libérées des contraintes quotidiennes de la chaussure. Délivrés de ce carcan rigide, vos orteils s'étalent en éventail, les tendons de vos pieds se renforcent et solidifient vos voûtes plantaires. De plus, vous reprenez un lien direct avec la Terre. Savourez le contact du sol, frais ou brûlant, sec ou humide, ferme ou friable, lisse ou rugueux. Si vous le pouvez, marchez quelques mètres en fermant les yeux, en vous concentrant sur les massages ressentis par vos pieds. Essayez aussi en avançant très lentement, prenez conscience de vos sensations : chacun de vos pieds comportant plus de 7 200 terminaisons nerveuses, ils vous en procureront à coup sûr !

Datant d'au moins 5 000 ans, la réflexologie plantaire est une médecine chinoise fondée sur les méridiens, canaux d'énergies circulant dans tout le corps. Proche du shiatsu et de la digipuncture, cette thérapie a mis en valeur des correspondances entre les zones de la voûte plantaire, extrêmement sensible, et nos différents organes. Le pied est une reproduction miniature de toute notre anatomie : le bout des orteils correspond au cerveau, le centre au côlon, etc., avec quelques différences entre le droit et le gauche. L'acupression, c'est-à-dire le geste de se masser les points réflexes des deux pieds, nous stimule entièrement.

Le fait de ne se déplacer en extérieur qu'avec des chaussures nous prive des massages toniques quotidiens de la marche nu-pieds. Pour remplacer la marche naturelle « à cru », une bonne minute d'automassage de chaque pied le soir, sans oublier le moindre centimètre carré, vous défatiguera de vos journées.

Bien que cette thérapie ne soit pas reconnue par la médecine occidentale, il existe une école française de réflexologie. Réalisée avec un praticien certifié, et après un diagnostic, la réflexologie plantaire consiste à toucher les zones sensibles pour localiser les tensions afin de les soulager. Ainsi, elle rééquilibre le corps de façon naturelle et facilite l'autoguérison. Les massages de pieds et du corps produisent une succession d'effets qui s'expriment jusque dans l'intimité de nos cellules et agissent même sur l'expression génétique[1]. Le corps et l'esprit étant liés, les massages sont également utiles pour réguler notre état émotionnel et psychique.

Le contact avec la terre à lui seul aurait également des effets bénéfiques contre le stress chronique, mais aussi contre les inflammations ou les maladies cardio-vasculaires, comme le montre une étude américaine[2]. Les électrons négatifs de la surface de la Terre absorbés par les pieds représenteraient un véritable traitement contre de nombreux maux. Le fait est que le contact avec le sol procure, au minimum, des sensations agréables et apaisantes.

Des précautions nécessaires

Marcher pieds nus dans la nature demande quelques précautions évidentes, et pas seulement à cause des épines. Faites surtout attention aux parcelles susceptibles d'abriter des tiques, telles que les hautes herbes. Depuis quelques années, ces gros acariens ont engendré un véritable problème sanitaire et sont certainement les bêtes les plus dangereuses de nos régions, sinon les seules. Préférez arpenter des sols ras, une litière de feuilles mortes, du sable, l'eau, un gazon ou des rochers.

La tique peut transmettre plusieurs maladies graves, dont la borréliose de Lyme. Si vous explorez des zones broussailleuses, n'hésitez pas à chausser des bottes même par temps chaud, auscultez-vous après une balade. Les répulsifs à base de géranium sont efficaces. En cas de morsure, enlevez la tique avec une pince à épiler si elle est encore petite, ou à l'aide d'une pince à tique, et désinfectez. Si des rougeurs apparaissent, consultez – plusieurs médecins si nécessaire.

1. Étude de l'université canadienne McMaster citée dans *Science et Vie* (avril 2002).
2. G. Chevalier, S. Sinatra, J. Oschman, K. Sokal et P. Sokal, « Earthing : Health Implications of Reconnecting the Human Body to the Earth's Surface Electrons », dans *Journal of Environmental and Public Health*, 2012.

La France préconise le test de dépistage Elisa (*enzyme-linked immunosorbent assay*), dont la recherche d'anticorps s'effectue surtout sur une *Borrelia* américaine, et qui n'est donc pas efficace en Europe… L'Allemagne utilise quant à elle le *western blot* (WB), bien plus précis : les borrélioses détectées dans ce pays sont dix fois plus nombreuses que chez nous ! La détection de borréliose et d'autres pathogènes directement dans le sang par PCR (*polymerase chain reaction*) est recommandée. Le déni de la gravité de la maladie de Lyme par les autorités françaises est un véritable scandale sanitaire, comme l'affirment désormais de nombreux médecins et chercheurs, tel l'immunologiste Alain Trautmann, directeur de recherche au CNRS et à l'Institut Cochin[1]. En vérité, la borréliose de Lyme est difficile à détecter, elle peut être chronique et les co-infections par d'autres pathogènes sont fréquentes. De quoi être motivé pour supporter des bottes en été… Le 15 novembre 2018, le Parlement européen a enfin pris une résolution pour que la Commission harmonise la recherche et la prévention au sein de l'Union européenne. L'action bénéfique des prédateurs naturels a même été évoquée à l'occasion. En effet, selon une étude publiée sur le site de la Royal Society of London le 19 juillet 2017[2], les renards et les fouines se révèlent efficaces pour freiner l'expansion de la maladie de Lyme. Les tiques étant véhiculées principalement par des rongeurs, et les renards et les fouines étant de grands prédateurs de campagnols et autres mulots, ils limitent la densité de lymphes vectrices d'infections. La chasse et le piégeage des renards et des fouines s'avèrent donc néfastes à la santé humaine : paix dans nos campagnes !

1. Voir l'article « Alain Trautmann : "La maladie de Lyme pourrait être un nouveau scandale sanitaire en France" » publié sur le site de *Sciences et Avenir* le 30 novembre 2017, qui cite plus d'une quinzaine d'études scientifiques. Voir aussi : *Maladie de Lyme. L'épidémie qu'on vous cache. Le cri d'alarme d'une biologiste*, de Viviane Schaller (Thierry Souccar Éditions, 2015), *L'Affaire de la maladie de Lyme, une enquête*, de Roger Lenglet et Chantal Perrin (Actes Sud, 2016), et bien sûr les associations de malades, Lyme sans frontières ou France Lyme.

2. Tim R. Hofmeester *et al.*, « Cascading effects of predator activity on tick-borne disease risk », *Proceedings of the Royal Society B*, 19 juillet 2017.

Dopez-vous à la montagne

> « Les rêves, la folie et l'ivresse prouvent que notre âme dépend beaucoup de notre corps, et vice versa. »
>
> Antoine de Rivarol.

En dehors de l'exercice physique de la montée, l'altitude présente de multiples vertus intéressantes pour la santé. L'air y est plus pur : il ne contient plus que 50 % des acariens allergènes à partir de 1 000 mètres de hauteur, et quasiment plus du tout après 1 500 mètres. Au-dessus de 2 500 mètres, nos poumons doivent s'adapter au manque d'oxygène. Pour compenser le déficit, le cœur et la respiration se font plus rapides. Nos reins, quant à eux, s'occupent du dopage : ils fabriquent de l'érythropoïétine, plus connue sous le nom... d'EPO. Cette hormone rendue célèbre par les courses cyclistes stimule la production de globules rouges, ce qui permet aux poumons d'assimiler plus d'oxygène. De quoi être gonflé à bloc pour arriver au sommet !

LES BIENFAITS DE L'ACTIVITÉ PHYSIQUE

Pratiquer un sport stimule la production d'endorphines, ces hormones qui rendent joyeux (voir le « Petit guide de nos drogues naturelles », page 41). Le sport, quel qu'il soit, est donc recommandé aux déprimés, aux angoissés, aux alcooliques, aux drogués en sevrage, et à tous les oisifs en général. Rappelons que la jouissance sexuelle libère elle aussi des endorphines...

À condition d'éviter les excès de la compétition, une activité physique régulière de 30 minutes procure des bénéfices irremplaçables : elle diminue de 40 % les risques de mortalité dus aux maladies cardio-vasculaires, à Alzheimer, et même aux cancers[1]. Depuis 2011, l'activité physique est reconnue comme une thérapeutique non médicamenteuse par la Haute Autorité de santé en France[2], et la lutte contre la sédentarité, qui est la quatrième cause de « mortalité évitable » dans le monde d'après l'OMS, est une priorité. Pourtant, l'Inserm constate que 42 % des Français s'activent réellement moins de 10 minutes par jour ! Une fois sortis de notre lit, nous passons de siège en siège tout au long de la journée. Or, la station assise n'a rien de naturel, et la plupart des sociétés non occidentalisées, tout comme les enfants qui se meuvent d'instinct, utilisent la position accroupie pour se reposer. Si vous travaillez assis, et même si vous pratiquez un sport par ailleurs, pensez à vous lever et marcher une minute toutes les heures pour réveiller vos fonctions, car l'inactivité prolongée est délétère. Dans plusieurs pays, les assureurs ne s'y sont pas trompés : ils font payer moins cher leurs adhérents qui pratiquent un sport.

Vous l'avez compris : pratiquez une activité régulière, quelle qu'elle soit, à votre niveau et quel que soit votre âge. Ne négligez

---

1. Voir Dr Frédéric Salmann, *Le meilleur médicament c'est vous !*, Le Livre de Poche, 2016, et *Que choisir Santé*, n° 122, décembre 2017.

2. En France, près d'une centaine de pôles CAMI Sport et Cancer aident à soulager les malades des effets secondaires des traitements et à réduire les risques de récidive : www.sportetcancer.com

pas votre lieu de pratique : évitez les sports dans des endroits pollués. L'accélération de la respiration et de la circulation sanguine accélère aussi l'absorption des polluants. Rien de tel que de s'oxygéner dans les bois...

Petit guide de nos drogues naturelles

Notre cerveau est un grand dealer : il nous distribue des récompenses dans quasiment tous les actes de notre vie, différentes substances de plaisir peaufinées par la sélection naturelle, et qui motivent nos comportements indispensables. Le sport, le massage, le sexe ou la méditation stimulent la production de ces drogues naturelles et licites. Leurs surnoms habituels, mis ici entre guillemets, sont plus imagés que strictement scientifiques, car le rôle de ces hormones est souvent complexe. Ces termes permettent néanmoins de comprendre globalement leurs fonctions.

- **La dopamine**, « l'hormone du plaisir » ou plus justement « l'hormone de la récompense », est produite lorsque l'on mange, que l'on est attentif, quand on écoute de la musique agréable ou que l'on admire un paysage, lorsque l'on fait l'amour, que l'on éprouve la jouissance sexuelle ou que l'on s'adonne à ses addictions. On trouve de quoi en produire dans les amandes, les avocats, le chocolat, le thé vert… et en pratiquant un sport ou toute activité agréable[1].
- **L'endorphine**, « l'hormone du plaisir sportif », engendre l'euphorie. Le rire, les épices, l'orgasme et même la douleur enclenchent des poussées d'endorphine. Une activité physique intense en fait sécréter plus de cinq fois la dose habituelle : excellent pour atténuer des douleurs, et contre la déprime !
- **La sérotonine**, « l'hormone du bonheur », est impliquée dans le cycle veille/sommeil, l'alimentation, la sexualité, la régulation de l'humeur. Lorsqu'on manque de cette hormone, on est stressé

1. C'est d'ailleurs en stimulant volontairement la diffusion de dopamine que les créateurs de jeux vidéo ou de réseaux sociaux rendent leurs clients dépendants, avec des récompenses comme les « likes » et autres caresses virtuelles.

ou anxieux. On trouve de quoi en produire dans le chocolat, les bananes ou les légumineuses. 80 à 90 % de notre sérotonine est sécrétée par l'intestin, d'où l'importance du microbiote et de son entretien par la consommation de fibres, car les végétaux sont des prébiotiques (aliments qui favorisent les bactéries).

- **L'ocytocine**, « l'hormone de la tendresse », ou « hormone de l'attachement », joue un rôle dans l'accouchement et l'allaitement, ainsi que dans des comportements comme l'empathie, l'attachement parental, amoureux ou l'orgasme, mais aussi la violence. Elle intervient également dans nos rapports avec nos compagnons à quatre pattes.

HURLEZ COMME UN LOUP

En forêt ou en montagne, ou plus généralement en pleine nature, loin des regards et des oreilles de nos contemporains, on se sent libre. C'est le lieu idéal pour sortir nos colères et nos frustrations dans un énorme cri primal. Hurlez sans complexe, sortez le mal-être de vous. Libérez-vous aux décibels. Le hurlement fait vibrer le cerveau et détend le plexus solaire. Ce cri libérateur peut également se pratiquer dans des zones extrêmement bruyantes qui couvriront vos hurlements. De ce point de vue, les aéroports et les autoroutes présentent quelques avantages...

Vous pouvez aussi rugir comme un lion ! Après avoir pris une grande inspiration, crispez votre visage, puis rugissez aussi fort que vous le pouvez en expirant. L'expulsion de l'air mobilise le système nerveux sympathique, qui prépare le corps à l'action. Après cela, une vague de chaleur devrait vous envahir, énergisante comme un café.

Connectez-vous à la nature

« Le concept de NATURE désigne arbitrairement dans les sociétés humaines l'ensemble des choses qui ne dépendent pas de la volonté de l'homme. À l'extérieur : le lézard et le pissenlit. À l'intérieur : les battements du cœur et les passions. »

François Terrasson,
En finir avec la nature.

Bougez, marchez, randonnez, cela vous fera du bien. Mais faites-le dans la nature, ça vous sera encore plus profitable ! Plus votre environnement sera naturel, plus les bienfaits de la marche seront efficaces. Une étude autrichienne a comparé le niveau de bonne humeur de bénévoles au cours de trois activités de trois heures chacune : assis devant des ordinateurs et des magazines, marchant sur le tapis roulant d'une salle de gymnastique, ou randonnant dans les Alpes[1]. Les résultats sont parlants : la bonne humeur est nettement plus présente pour les marcheurs, mais bien supérieure encore pour les randonneurs en montagne.

Le lieu a donc son importance et influence notre cerveau, ce que montre une étude américaine, qui compare cette fois des

1. Niedermeier, Einwanger, Hartl et Kopp, 2017.

personnes marchant le long d'une route bruyante avec d'autres dans un espace vert urbain[1]. Le résultat est aussi clair : les marcheurs entourés de voitures ne voyaient pas diminuer leur tendance à ruminer des pensées toxiques, alors que les autres se montraient de meilleure humeur. Si vous ne pouvez pas randonner dans les montagnes, il vous suffit déjà de vous rapprocher de la verdure.

C'est donc la nature qui booste les bienfaits de la marche et de bien d'autres activités. Mais pourquoi la nature nous fait-elle tant de bien ? Plusieurs théories, étayées par de nombreux tests, nous éclairent sur ses pouvoirs bienfaisants.

Pourquoi la nature nous soigne

Nous sommes des enfants de la nature. Notre humanité et nos racines biologiques plongent dans la nature sauvage, nous y avons été pétris pendant des milliers d'années par la sélection naturelle. Nos ancêtres, qui nous ont transmis leurs gènes, furent ceux qui étaient les plus aptes à sentir leur environnement, à reconnaître les plantes qui nourrissaient et guérissaient la communauté, à repérer les animaux ou à trouver des sources d'eau. Le léger vernis apposé par quelques siècles de « civilisation » ne change rien à notre nature profonde, y compris les plus urbains d'entre nous : nous restons des singes nus[2], héritiers d'instincts de survie qui sont ceux de tous les animaux. Aujourd'hui encore, nous restons génétiquement des sauvages. Le retour à la nature n'est ni un retour à la préhistoire ni un retour en enfance. C'est plutôt une renaissance des fondamentaux oubliés par le temps, une réorientation vers un chemin plus authentique et plus profond.

1. Bratman, Hamilton, Hahn, Daily, Gross, 2015.

2. Paru en 1967, *The Nacked Ape* [*Le Singe nu*] de Desmond Morris a été le premier ouvrage de vulgarisation à étudier l'être humain avec un regard d'éthologiste, au même titre que n'importe quel autre animal.

Notre attirance individuelle pour la nature n'est pas unique, c'est un attachement universel partagé par toute l'humanité. La *savana theory of happiness*, théorie de psychologie évolutionniste proposée par le chercheur Satoshi Kanazawa, avance que ce qui nous rend heureux est lié à notre habitat originel, la savane. On peut d'ailleurs pousser la proposition plus loin dans le temps, car avant d'arpenter les savanes, nos ancêtres ont été des primates arboricoles et forestiers. L'environnementaliste John Muir est d'ailleurs connu pour avoir dit qu'aller dans les bois, c'est rentrer chez soi ; car il suppose qu'à l'origine, nous venons de la forêt.

De même, le contact avec les animaux est comparable à de chaleureuses retrouvailles familiales. L'empathie pour le vivant a donné l'hypothèse de la biophilie[1], qui avance que les humains sont, de façon innée, attirés émotionnellement par les autres êtres vivants et les paysages naturels. Durant notre enfance, nous sommes instinctivement proches des animaux et de la nature, mais les obligations sociétales nous en éloignent très souvent.

À l'opposé, le syndrome du manque de nature nous est néfaste. La ville, inventée il y a si peu, est devenue en quelque sorte le contraire du milieu naturel. Cet environnement technologique bruyant mobilise nos sens en permanence et nous plonge dans une excitation physiologique et psychologique exagérée, lourde à supporter. Un bain de nature nous éloigne donc de nos stress quotidiens, il nous déconditionne mentalement et soulage nos tensions. Il est réparateur, comme l'ont avancé les pionniers de la psychologie environnementale Rachel et Stephen Kaplan[2]. « Quelques dizaines de mètres de forêt suffisent pour abolir le monde extérieur », écrivait Claude Lévi-Strauss dans *Tristes Tropiques* (Plon, 1955). Dans la nature, nous renouons avec nos horloges internes. Nous nous sentons apaisés, comme en vacances : elle ne nous

1. Du grec *bios*, « vie », *philos*, « qui aime », terme inventé par le psychanalyste Erich Fromm et médiatisé par le biologiste Edward O. Wilson. Voir Edward O. Wilson, *Biophilie*, José Corti, 2012.

2. Voir Éric Lambin, *Une écologie du bonheur*, Le Pommier, 2009.

demande rien et ses grands espaces nous donnent une irremplaçable sensation de liberté.

Le temps naturel est cyclique, mais ces cycles sont constants : les saisons reviennent régulièrement et cette stabilité est rassurante. La nature est un refuge fidèle, hors de nos soucis, toujours disponible. Comme la musique et d'autres formes d'art, que nous pouvons pratiquer lorsque nous allons mal, elle nous accueille quel que soit l'état de notre moral, et cela nous réconforte. Il suffit d'aller vers elle pour prendre du recul, comme si elle était la référence la plus stable dans la continuité de la vie. Son calme teinté d'éternité et sa majestueuse grandeur relativisent nos préoccupations.

L'immensité de la nature est une source infinie de curiosité et d'explorations, elle ouvre l'imagination. Sa beauté extraordinairement diversifiée mais toujours harmonieuse stimule l'inspiration et la création.

Nous sommes faits de nature, et la nature est en nous. Son calme est propice au recueillement. Elle permet un silence, une solitude et une lenteur que la société n'autorise plus. Elle nous renvoie à nous-mêmes, elle nous incite à la réflexion et à la sagesse. Elle est le support initiatique qui conduit à l'élévation spirituelle, qu'elle soit laïque ou religieuse. Se réfugier dans la nature n'est pas un repli sur soi pour se protéger du monde : elle permet au contraire de refaire le plein d'équilibre, de sérénité et de hauteur, afin justement de pouvoir affronter ce monde avec plus de solidité.

Le retour du sauvage

Au cours des siècles, nous nous sommes éloignés de la nature réellement sauvage, parfois dure, et nous la connaissons de moins en moins. Nous nous sommes dénaturés. Désormais, nous nous contentons d'ersatz plus ou moins fades sans nous rendre compte de leur manque de saveur. La mode est à des « réalités augmentées » qui n'ont rien de réel, aux jeux en plein air avec sensations assurées mais hyper sécurisées, ou aux nuits dans des zoos aux côtés de mornes animaux captifs qui ne représentent aucun danger véritable. Des aventures sévèrement cadrées, sans surprise, sans enseignement, et sans... aventure.

Or dans la vraie nature, on affronte les aléas de la météo, le risque de se perdre et autres dangers réels, quoique bien réduits dans nos régions domestiquées. Justement, l'émotion imposée par la nature se situe peut-être aussi là, dans l'inconnu, la prise de risque, voire la peur, et dans la dose d'adrénaline qui en découle. Nous sommes des orphelins de l'émotion authentique, d'où sans doute cet engouement croissant pour les sports extrêmes, fournisseurs de frissons garantis.

Sans perdre de vue les indispensables notions de prudence et de bon sens, on peut s'interroger sur ce fantasme du « risque zéro » qui nous abreuve de conseils infantilisants dès que nous montons sur un vélo ou que nous mettons le nez dehors. Ça frise la psychose... Cette angoisse actuellement très répandue est totalement irrationnelle, dans un monde où les pollutions chimiques invisibles mais cancérogènes se sont infiltrées partout, dans l'air que nous respirons à chaque instant, dans notre eau et dans nos aliments, et où les pires dangers viennent désormais de nous-mêmes. Il faut raison garder.

Voici ce que dit l'éducateur nature Louis Espinassous de ce fantasme : « Soustraire l'enfant à toutes les situations à risque mène insidieusement, mais inéluctablement, à infléchir tout d'abord, puis à vider de leur sens, et enfin à supprimer purement et simplement certaines activités du dehors, puis le dehors lui-même[1]. »

La nature n'est pas seulement un joli lieu dans lequel on va puiser du bien-être, pas plus qu'elle ne serait qu'un terrain de jeux de plein air. Au fond de nous, nous avons besoin de plus, de sauvage, de *wilderness*, ce terme anglo-saxon difficile à

1. Louis Espinassous, *Pour une éducation buissonnière*, *op. cit.*

traduire, qui tourne autour des notions d'inculte, de friche et d'indompté... Alors sortez dans la nature indomptée, sans guide estampillé, sans matériel et hors des sentiers battus, vous en avez encore le droit ! Et bienvenue chez vous, dans le monde de vos propres émotions.

Prenez un bain de forêt

« J'ai écrit dans mon journal que, lorsqu'on se trouvait plongé dans l'immensité imposante d'une forêt brésilienne, "il n'était pas possible de donner une idée adéquate des sentiments élevés d'émerveillement, d'admiration et de dévotion qui remplissent et emportent l'esprit". »

Charles Darwin, *L'Autobiographie*.

Promenez-vous dans les bois, vous vous sentirez mieux ! Une grande balade en forêt peut procurer des effets durables pour tout un mois. Autrement dit, même si vous habitez loin d'un espace boisé, il vous suffit de ménager une seule balade forestière mensuelle dans votre agenda pour faire le plein d'essences. Ce moment de détente deviendra vite un rendez-vous attendu, même par temps froid ou pluvieux, car il cassera en douceur votre rythme urbain et vous procurera de tels bienfaits que vous ne pourrez en avoir de regret : stress réduit, sommeil plus facile, meilleure concentration, énergie boostée et défenses immunitaires stimulées. Les bénéfices physiologiques étant les mêmes, ces randonnées sont conseillées aussi bien en groupe qu'en solitaire, c'est une question de choix. Seul et silencieux on observe mieux la faune sauvage, entre amis on partage... Un conseil néanmoins : essayez de vous passer d'appareillage électronique (téléphone,

GPS, lecteur MP3, appareil photo...) afin de vous connecter pleinement aux arbres, à la forêt, et à vous-même.

Si vous n'avez pas les moyens de vous rendre régulièrement en forêt, ne négligez pas la fréquentation des arbres, où que vous soyez. À chaque fois que l'occasion se présente, à travers une fenêtre, à un stop en voiture... regardez un arbre. Même si cela ne vous est offert que quelques minutes par jour, cette contemplation apporte du calme en faisant baisser le stress et la tension artérielle. Et c'est déjà beaucoup !

LES BIENFAITS PROUVÉS DE LA SYLVOTHÉRAPIE

Les bienfaits des balades en forêt sont démontrés par de nombreuses études, principalement japonaises. Les Japonais pratiquent traditionnellement le *shinrin-yoku*, ou « bain de forêt », pour se maintenir en bonne santé[1]. La coutume a été officiellement reconnue comme une thérapie par le gouvernement en juillet 1982, et des millions d'habitants s'y adonnent. En Europe, des médecins se sont intéressés aux bienfaits de l'air pur et de la fréquentation de la forêt dès le XIXe siècle. En France, c'est le forestier Georges Plaisance qui lance la pratique en 1985 avec son livre *Forêt et santé. Guide pratique de sylvothérapie. Découvrez les effets bienfaisants de la forêt sur le corps et l'esprit*[2].

Les recherches scientifiques menées un peu partout dans le monde et plus particulièrement à la Nippon Medical School de Tokyo confirment les bienfaits du *shinrin-yoku*. Après 40 minutes passées en forêt, des marcheurs étudiés se révélaient significativement déstressés[3]. Après 6 ans de pratique, des diabétiques ont vu le taux de glucose de leur sang diminuer[4]. La sylvothérapie

1. Voir Dr Qing Li, *Shinrin Yoku. L'art et la science de la forêt*, First, 2018.

2. Georges Plaisance, *Forêts et santé. Guide pratique de sylvothérapie. Découvrez les effets bienfaisants de la forêt sur le corps et l'esprit*, Dangles, 1985.

3. Miyazaki et Motohashi, 1995.

4. Ohtsuka *et al.*, 1998.

n'est pas due au seul fait de la marche, comme l'ont montré de nombreux tests[1] : des personnes qui se promènent en forêt tirent plus de bénéfices de leur activité que des promeneurs en ville. Leur taux de cortisol (l'hormone du stress) baisse davantage, leur rythme cardiaque également. Ça marche aussi avec les enfants : il a été montré qu'une simple sortie en forêt leur apporte une meilleure coordination motrice et plus de concentration[2]. Des études aussi nombreuses que celles-ci manquent pour les balades dans une prairie, en montagne ou au bord de la mer, mais on peut parier que les effets en sont également très bénéfiques.

Entre autres, les multiples travaux du docteur Qing Li de la Nippon Medical School montrent chez les adeptes de la sylvothérapie une baisse de l'adrénaline ou encore une amélioration des défenses immunitaires. La balade en forêt a des effets durables : après deux jours d'immersions éparses, ils sont toujours très présents au bout de 30 jours. D'où viennent ces stimulateurs de nos défenses immunitaires ? Essentiellement de deux substances, les phytoncides et les terpènes. Les phytoncides sont des molécules antibiotiques volatiles libérées par de nombreuses essences, en particulier les conifères, qu'elles protègent contre leurs pathogènes, et dont nous profitons également. Les terpènes sont des hydrocarbures présents dans de nombreuses huiles essentielles, comme l'alpha-pinède ou le limonène, utilisés par les arbres pour communiquer entre eux. Ils stimulent nos défenses immunitaires et augmentent notre taux de lymphocytes NK, dites « cellules tueuses ». Ils sont également virucides, fongicides et bactéricides.

Autre produit antipathogène sécrété par les arbres, la résine montre elle aussi des propriétés bactéricides. Elle contient différentes composantes intéressantes, tels les bêta-pinènes aux vertus anti-inflammatoires ou favorables à la reconstruction osseuse (utilisés dans les huiles essentielles contre l'ostéoporose). Les fourmis des bois elles-mêmes connaissent ses bénéfices ! Dans le Jura, elles

1. Park *et al.*, 2007.
2. Grahn *et al.*, 1997.

introduisent jusqu'à 20 kilos de mini-boulettes de résine d'épicéa dans les immenses nids de leurs super colonies, se protégeant ainsi des champignons et des bactéries[1]. Pour tous, la forêt est une immense pharmacie...

La forêt nous est aussi bénéfique par la pureté de l'air que nous y respirons. Les arbres fournissent de l'oxygène natif pur : on en mesure trois fois plus en forêt qu'en prairie. Les mousses, les lichens ou la rosée qui y prospèrent fixent les particules et sont des purificateurs d'air naturels. La douceur du microclimat, la tranquillité ou les parfums végétaux font de la forêt un lieu de nature particulièrement apaisant et reconstituant.

La sylvothérapie est donc en vogue. Un peu partout dans le monde (Japon, Corée du Sud, Finlande...) l'administration aménage des « sentiers de thérapie forestière » afin d'encourager le public, notamment les jeunes, à en faire l'expérience. Mais le balisage et les pancartes qui en découlent cassent le charme originel de la forêt. Par peur de nous perdre, n'y perdons-nous pas plutôt ce sentiment fort de liberté, éprouvé au contact du sauvage ? Ces incitations à l'utilisation de la nature ne provoquent-elles pas le contraire de la tranquillité recherchée ? Il se pose là un problème de dosage de la fréquentation : notre envie de nature ne devrait pas aller jusqu'à la dénaturer.

1. Voir Ernst Zürcher, *Les Arbres, entre visible et invisible*, Actes Sud, 2016.

Câlinez un arbre

« Auprès de mon arbre,
Je vivais heureux,
J'aurais jamais dû le quitter des yeux... »

Georges Brassens,
Auprès de mon arbre.

L'arbre a une dimension sacrée. On s'arrête devant un vieil arbre avec respect ; comme un enfant curieux, on touche délicatement son grand tronc rude déformé par les années, ridé comme un vieillard buriné mais toujours puissant et majestueux. Peut-être l'arbre éveille-t-il en nous des réminiscences de notre lointain passé de singes arboricoles, qui voyaient en lui la sécurité et une source de nourriture ? En tout cas, le sentiment d'être tout petit devant ce monument végétal stable et sécurisant incite à une certaine humilité.

Dans une forêt préservée, chaque arbre représente un concentré d'histoire et dégage une personnalité particulière. Certains sont centenaires. On se promène parmi eux comme dans un musée ou dans une cathédrale, passant d'œuvre d'art en œuvre d'art, avec un sentiment presque mystique. De nombreux peuples ont d'ailleurs placé l'arbre au centre de leur religion et de leurs pratiques magiques. Du chêne des druides au cyprès des Grecs, en passant par le myrte de Vénus, le laurier d'Apollon chez les Romains ou le frêne Yggdrasil de la mythologie viking, l'arbre est un symbole puissant des civilisations humaines. Dans la tradition bouddhiste, les arbres captent les flux célestes : ce sont des antennes reliant les profondeurs du sol aux forces cosmiques.

La science se penche sur la sensibilité de ces végétaux aux variations du champ magnétique terrestre[1]. Les fréquences basses qu'ils perçoivent correspondent à nos ondes cérébrales, notamment celles de notre sommeil. Est-ce une piste d'explication sur l'apaisement qu'ils apportent aux humains qui les enlacent ? En tout cas, rien ne s'oppose à ce que les arbres aient des pouvoirs que la biologie n'a pas encore expliqués, mais que l'humanité perçoit depuis toujours.

ÉCOUTEZ PARLER LES ARBRES

La science est actuellement en train de bouleverser notre vision du monde végétal, et les découvertes se succèdent. La communauté scientifique admet désormais que les plantes vivent dans un univers sensoriel parfois étrangement comparable au nôtre[2]. Certains chercheurs parlent même de « neurobiologie végétale[3] », terme un peu provocateur car les végétaux ne possèdent pas de système nerveux. Une plante est capable de voir les couleurs, notamment le bleu et le rouge, alors qu'elle n'a pas d'yeux. Elle sent les odeurs sans nez, elle capte les sons sans oreilles, elle goûte sans papilles, elle est sensible au toucher sans avoir de nerfs. Une plante est parcourue de signaux électriques, elle prend des décisions, elle a une mémoire, elle est capable d'apprentissage, et elle pense sans avoir de cerveau centralisateur : elle est elle-même entièrement son propre cerveau[4].

---

1. Anthony C. Fraser-Smith, 1978.

2. Voir Daniel Chamovitz, *La Plante et ses sens*, Buchet-Chastel, 2014.

3. Voir Stefano Mancuso et Alessandra Viola, *L'Intelligence des plantes*, Albin Michel, 2018.

4. Sur le monde sensoriel des plantes, les communications entre les arbres, et le comportement des végétaux qui nous entourent, voir Marc Giraud, *Fleurs et arbres en bord de chemin*, Delachaux et Niestlé, 2017.

Les plantes ont également une vie sociale. Un pissenlit attaquera une espèce différente de lui à coups d'armes chimiques, un trèfle s'abstiendra de pousser parce qu'il sent que son voisin est de la même famille que lui. La plupart des végétaux, arbres en tête, sont connectés par un véritable réseau végétal souterrain que certains appellent le « *Wood-Wide Web* », grâce notamment aux mycorhizes, un partenariat vital avec des champignons (du grec *mukês*, « champignon », et *rhiza*, « racine »). Ces associations n'ont été découvertes qu'au XIXe siècle, et depuis on ne cesse de publier de nouvelles études sur elles[1]. Les champignons mycorhiziens sont reliés aux racines des plantes et échangent de la nourriture avec elles. Mais les mycorhizes font plus : elles renforcent la santé de leur plante associée, modifient ses activités hormonales et reçoivent et envoient des informations ! Elles sont capables d'alerter une plante partenaire de l'attaque de ravageurs, ce qui permet au végétal de diffuser des défenses chimiques. L'entraide est sans doute le principe essentiel des rapports entre espèces[2], et cela nous concerne aussi (ce que nous reverrons en conclusion de cet ouvrage). Les arbres semblent s'aider aussi par leurs racines : des substances nutritives passent de l'un à l'autre. Certains ont parlé « d'allaitement végétal[3] », mais l'image semble exagérée car les quantités des échanges sont trop limitées[4].

Enfin, les arbres montrent des dons étonnants : prévenus par la sensibilité de leurs racines, les arbres à soie montrent une activité électrique anormale avant un séisme au Japon[5] ; en Provence les

1. Voir Yves Piché, André J. Fortin et Christian Plenchette, *Les Mycorhizes. L'essor de la révolution verte*, Quæ, 2015.

2. Voir Marc-André Selosse, *Jamais seuls*, Actes Sud, 2017.

3. C'est sans doute, entre autres, ce genre d'image anthropomorphique très parlante qui a fait l'incroyable succès de *La Vie secrète des arbres*, du forestier Peter Wohlleben (Les Arènes, 2017).

4. Dans le numéro 27 de la revue d'histoire naturelle *Espèces* (mars-mai 2018), la chercheuse Catherine Lenne met en doute cette entraide dans les échanges de carbone, car moins de 10 % des substances de l'arbre donneur se retrouvent dans le receveur, et ne représentent pas une source alimentaire significative.

5. Hideo Toriyama, 1991.

cyprès éjectent leur résine inflammable à l'arrivée d'un incendie et brûlent moins que d'autres essences ; en Amazonie d'autres encore attirent la pluie en éjectant dans les airs des particules qui condensent la vapeur d'eau en nuages.

En conclusion, nous pouvons dire que la science nous plonge au cœur d'une véritable magie : les arbres et les autres végétaux sont fabuleux. Lorsque vous vous promenez en forêt, vous baignez dans cette formidable usine d'énergie vivante. Ces connaissances nouvelles changent nos rapports avec les plantes, elles nous les rendent plus vivantes et plus proches. N'hésitez pas à caresser les différentes écorces, à chercher des contacts sensuels et personnifiés avec les arbres : certains vous attirent plus que d'autres et vous correspondent davantage. Lors de vos promenades, touchez les écorces des yeux, sentez-les par le regard. Et tentez une séance de câlinothérapie.

LE *TREE HUGGING*

Si les vertus de la sylvothérapie sont étayées scientifiquement, il existe d'autres approches plus éloignées du champ strict de la recherche, mais qui mériteraient que l'on s'y penche. L'une d'elles consiste à s'imprégner de l'énergie des arbres par le contact. Désormais appelée *tree hugging* (« câlinage d'arbre »), cette pratique très chamanique est recommandée par de plus en plus d'adeptes, dont certains disent avoir vu leur vie changer. Si cela vous tente, faites-vous votre propre opinion en l'expérimentant vous-même.

Pour capter l'énergie d'un arbre, il vaut mieux ne pas porter de montre à quartz ni de téléphone portable, et éventuellement être pieds nus. Choisissez un grand arbre majestueux, en bonne santé. Approchez-le doucement, bras ouverts, paumes vers lui. Certains sentent une résistance et doivent demander à l'arbre l'autorisation de s'avancer davantage. Touchez le tronc, sentez-le, prenez conscience de vos sensations. Puis, pieds écartés bien campés dans le sol, enlacez-le, yeux fermés, collez votre front ou votre joue à lui. Respirez doucement, goûtez le moment, essayez d'imaginer la structure de l'arbre, de sentir sa force, de vous en imprégner, de fusionner avec lui.

Une autre méthode consiste à s'adosser au tronc, la main droite sur l'estomac et la gauche sur le dos, paume sur le bois, et de rester ainsi environ 20 minutes, les yeux toujours fermés et concentré sur la présence apaisante du grand végétal.

Vous pouvez aussi entamer une méditation en imaginant vos pieds prenant racine, s'enfonçant doucement dans le sol. Vous devenez l'arbre vous-même, comme l'arbre est un peu vous. Une autre technique encore, que vous pouvez employer avec des arbres hauts et puissants, consiste à imaginer une lumière au sommet de votre crâne qui grandit, grandit et vous emplit tout entier, comme l'arbre lui-même croît vers le ciel pour boire la lumière du soleil.

Le *tree hugging* ne marche pas pour tout le monde, en tout cas pas du premier coup. Lorsque le test fonctionne, la personne sent l'énergie de l'arbre s'insuffler en elle, elle a l'impression d'être « prise en main ». Cette rencontre avec l'arbre est aussi – ou d'abord – une rencontre avec soi-même. L'expérience peut calmer un stress, une colère et même un mal-être ou une douleur, et se révéler très marquante. L'arbre a une réelle présence. Il existe de plus en plus de stages de cette câlinothérapie végétale. Le bouche-à-oreille vous permettra de faire le tri entre ceux qui sont malhonnêtes ou un peu trop perchés (ce qui semble normal avec les arbres !) et ceux qui pourraient vous apporter un bien-être naturel[1].

Pour prendre conscience de la vie interne des arbres, il existe aussi un test facile à proposer à des enfants : écouter leur tronc avec un stéthoscope. Au début du printemps, on entend les sèves circuler avec d'étranges glouglous, c'est une révélation. Les arbres, c'est palpitant !

---

1. Il existe des livres sur le *tree hugging* : Patrice Bouchardon, *L'Énergie des arbres*, Le Courrier du Livre, 1999 ; Jean-Marc Defossez, *Sylvothérapie. Le pouvoir bienfaisant des arbres*, Jouvence, 2018.

Embrassez le rythme de la nature

> « À force de courir la Terre comme un éclair
> J'ai oublié de vivre. »
>
> Johnny Halliday, *J'ai oublié de vivre* (paroles de Pierre Billon).

« Prendre son temps », voilà une belle expression. Ce temps qui passe est le nôtre, prenons-le, reprenons-le. Or, notre civilisation nous inonde d'urgences et de précipitations qui nous empêchent de reprendre notre souffle : nous passons notre vie à courir après le temps, et finalement nous oublions l'essentiel : vivre.

« Le temps, ce n'est pas de l'argent, c'est de la vie, nous rappelle Pierre Rabhi. On oublie trop souvent que ce n'est pas le temps qui passe, mais nous qui passons. Nous passons trop souvent à côté de nos vies, qu'il nous faut apprendre à habiter tous les instants[1]. »

Habiter l'instant, c'est apparemment ce que ressentent les animaux, qui semblent très connectés à leur corps. Même s'ils ont à la fois des souvenirs et des vues sur l'avenir, les animaux paraissent vivre une sorte d'éternel présent. Ils ont peut-être tout compris... « Les cachalots peuvent nous réapprendre les vertus

1. Pierre Rabhi, *Se changer, changer le monde*, L'Iconoclaste, 2013.

du temps libre et de l'inutile, nous dit l'océanographe François Sarano. Leur univers est totalement différent du nôtre : nous n'irons jamais dans les grandes profondeurs comme eux, et notre vie est consacrée à l'accumulation et à la transmission de choses, tandis que la leur est dans le bien-être de l'instant[1]. »

Ralentissez, et vite !

Comment trouver le calme, lorsque vous débordez de travail, et que vos journées sont déjà trop courtes ? Eh bien justement, ce sont certaines de vos activités qu'il faut aussi remettre en question : savoir faire des haltes, reprendre son souffle et ses esprits, c'est aussi se montrer plus efficace. Les pauses sont nécessaires : un adulte ne sera pas concentré efficacement plus d'une bonne heure, les enfants, suivant leur âge, de 15 à 45 minutes... Le cerveau ne peut pas fonctionner en continu, il a besoin de repos. L'oisiveté est la mère de tous les délices. Ne culpabilisez pas de prendre du plaisir à ne « rien » faire, car en réalité vous faites l'essentiel : vous vous régénérez. En effet, l'oisiveté n'est pas un abandon, c'est presque une discipline[2] !

Dès le matin, faites que votre premier geste ne soit pas de consulter vos réseaux, mais de réfléchir, de saluer la journée qui commence, de vous faire vraiment plaisir. Et si vous réappreniez à ne « rien » faire, même dans les transports en commun, sans consulter votre smartphone, à laisser vos pensées vagabonder avec le défilement du paysage, à goûter ce moment béni où rien ne vous est demandé ? C'est souvent dans ces instants-là que les idées les plus constructives surgissent, voire des solutions à des problèmes. Faute de pouvoir vous offrir

1. *Libération*, n° 11341, 10 novembre 2017. Ancien chef d'équipe de la *Calypso*, François Sarano a publié *Le Retour de Moby Dick* (Actes Sud, 2017), dans lequel il raconte ses rencontres exceptionnelles avec des cachalots.

2. Voir à ce sujet le best-seller *L'Art d'être oisif dans un monde de dingue*, de Tom Hodgkinson (Les Liens qui libèrent, 2018).

une promenade en forêt, vous pouvez aussi fermer les yeux et visualiser un chemin dans la nature, avec sa végétation, ses senteurs, ses chants d'oiseaux. Cette balade sensitive imaginaire vous apaisera et vous renforcera.

Le bonheur est dans le présent

Sans chercher un hypothétique nirvana cosmique, contentez-vous de capter les petits instants de bien-être que vous offre le présent, comme des arrêts sur image. Ils sont précieux. En effet, nous avons tendance à considérer comme normaux les moments agréables, et à ne pas y penser, alors que les mauvais nous marquent durement[1].

« Bonheur, je ne t'ai reconnu qu'au bruit que tu fis en partant », a écrit Raymond Radiguet[2]. Prenons un chemin contraire : loin des vains regrets du passé et des espoirs incertains pour le futur, cherchons dans le présent ces échantillons de bien-être concret que nous connaissons toutes et tous, mais que nous ne prenons pas assez le temps de savourer et d'intégrer. Prenez-en conscience par toutes vos sensations physiques, votre esprit et vos sentiments. Le bien-être du « moment présent » est une base solide pour savourer la douce sensation d'exister, la joie de vivre toute simple qui monte en vous[3].

Les vacances comptent parmi les rares, sinon les seules longues périodes de rupture d'emploi du temps que nous pouvons nous

---

1. Selon le psychologue Roy Baumeister, nos ancêtres sauvages avaient intérêt à surtout repérer les dangers potentiels, et cette sensibilité aux événements négatifs plus qu'aux positifs nous serait restée.

2. Raymond Radiguet, « Les Adieux du coq », dans *Les Joues en feu et autres poèmes*, Tchou, 1967.

3. Le succès mondial des ouvrages d'Eckhart Tolle prouve, s'il en était besoin, cette nécessité vitale de notre société. Voir par exemple : Eckhart Tolle, *Mettre en pratique le pouvoir du moment présent. Méditations et exercices*, J'ai lu, 2012 [Ariane Éditions, 2002].

accorder. Des conditions différentes (comme le manque de réseau) nous obligent à nous passer de ces constants petits rendez-vous que nous nous imposons continuellement tout au long de l'année, tout au long de la journée : rendez-vous d'émissions de télé et de radio « à ne pas manquer », échanges de messages « indispensables » sur les réseaux, etc. Au début, les réflexes habituels de regarder son téléphone ou son ordinateur sont nombreux, et puis peu à peu on finit par se désintoxiquer et profiter de ce que nous avons à vivre, qui est beaucoup plus fort : exploration de la nature, sport, activités culturelles, création, réunions familiales ou entre amis, etc. À la fin d'un séjour désintoxiquant, nombreux sont les vacanciers à se demander comment ils ont bien pu vivre leur année précédente prisonniers de leurs fausses urgences... puis l'habitude reprend, peu à peu.

Essayez déjà la semaine sans télé : difficile au début, de plus en plus appréciable à la longue. Libératrice comme une vraie cure de désintox !

Ne vous laissez pas voler votre vie.

Les dictateurs de poche

Nous consulterions notre téléphone portable jusqu'à 150 fois par jour, parfois pour des séances de ce qui pourrait s'apparenter à une sorte d'hypnose vide, sans intérêt, dans le seul but de « tuer le temps » (quelle horreur !), ou sans autre motivation que de suivre un réflexe compulsif. Les Américains sont désormais connectés 6 heures par jour, leur taux de déprime a augmenté de 60 %, et nous suivons le mouvement.

Les fabricants d'applications cherchent à focaliser notre attention, histoire de nous vendre leur soupe, et ils y arrivent parfaitement. Chacun d'entre nous peut constater l'attitude surréaliste de la majorité des usagers des transports en commun, voûtés sur leur smartphone, envoûtés par des alignements d'images de bonbons ou des bagarres virtuelles. Est-ce vraiment de la détente ? Les réseaux sont-ils si « sociaux » ?

Une étude récente menée sur 5 208 utilisateurs de Facebook a montré que plus ils passent de temps sur ce réseau, plus ils se sentent mal[1]. Les abonnés y consacrent en moyenne une heure par jour. Le simple fait d'utiliser Facebook fait chuter leur moral de 10 %, en partie parce que la comparaison avec le bonheur affiché des autres les renvoie à celui qu'ils n'auraient pas. Peut-être tout ce temps pourrait-il être utilisé plus constructivement…

1. Holly Shaya, Nicholas Christakis *et al.*, 2017.

Siestez sous un arbre

« Le tigre aussi a besoin de sommeil. »

Proverbe chinois.

On a longtemps pensé que, contrairement à 85 % des autres mammifères, l'espèce humaine était monophasique, c'est-à-dire que nous n'aurions besoin que d'une unique période de sommeil toutes les 24 heures. D'autres cultures, où la sieste fait partie de l'organisation de la journée, montrent le contraire[1], et la communauté scientifique remet aujourd'hui cette hypothèse en question. En fait, six heures après nous être réveillés, nous connaîtrions une baisse de rythme programmée par notre horloge biologique : une petite sieste serait tout indiquée. Mais nos horaires de travail nous imposent des rythmes qui ne sont pas naturels. Faute d'en avoir le droit, certains employés vont s'assoupir en cachette, dans leur voiture, ou dans les toilettes de l'entreprise...

Comme la lenteur, le sommeil a longtemps été synonyme de paresse ou de manque de performances, et ce préjugé n'a pas encore disparu. Beaucoup de personnes pensent toujours que lutter contre leurs biorythmes les rendra plus compétitives, alors que tout indique le contraire. Une étude a montré qu'un sommeil

1. Comme bien d'autres animaux grégaires, nos ancêtres devaient certainement rester rassemblés pour dormir, avec une vigilance alternée par les différents membres de la troupe. Le sommeil fragmenté n'est pas forcément alarmant.

de mauvaise qualité entraînait un absentéisme au travail de 30 %[1]. Certains athlètes ont aujourd'hui des coachs de sommeil qui cherchent à améliorer leurs performances. Dormir le jour ne devrait donc plus être réservé aux nourrissons ou aux séniors : un petit roupillon n'est pas improductif !

L'adage « le sommeil est réparateur » a été amplement confirmé par la science. Nous savons désormais qu'un sommeil de qualité aide le corps à récupérer et à se défendre contre les agressions microbiennes, qu'il permet aux idées de se mettre en place ou qu'il favorise la créativité. Lorsqu'on apprend à jouer d'un instrument de musique, par exemple, passer une nuit après un exercice nouveau laisse le temps aux rouages du cerveau d'assimiler la leçon, et l'on progresse en dormant !

Respectez vos biorythmes

Nous n'avons pas toutes et tous besoin des mêmes quantités de sommeil. Toutefois, nous dormons de moins en moins, et cette carence entraîne une fatigue à laquelle il faut être attentif, car ce signal du corps peut s'avérer néfaste à la longue. Pour pallier ces inconvénients, la microsieste est la solution « rêvée », pas trop désagréable, et sans violence excessive. Si elle n'est pas trop longue, la sieste ne vous empêchera pas de vous endormir le soir venu : 20 à 30 minutes suffisent, car ensuite intervient le sommeil profond dont on émerge moins facilement. Cette pause de recharge des batteries coupera votre journée et vous boostera pour toute la seconde partie.

Une sieste vous sera bénéfique partout, et particulièrement dans la nature, avec une légère brise caressant le visage et la mélodie des oiseaux pour berceuse. Évitez cependant la proximité d'eaux stagnantes, refuge des moustiques, ou de troupeaux d'animaux domestiques à cause des mouches et des taons. On a beau aimer

1. Groupe Malakoff Médéric, étude sur l'absentéisme en entreprise (2015).

les bêtes... La mer, la montagne, la campagne, tous les lieux sont possibles, et même toutes les saisons si vous avez les vêtements ou les couvertures appropriés. Les litières de feuilles, la mousse, le gazon ou le sable sont particulièrement confortables. Le lieu le plus magique sera probablement près d'un vieil arbre robuste et plein d'énergie. Il vous transmettra peut-être une partie de sa vitalité pendant votre sommeil...

Faites l'amour dans les bois

Pourquoi ne pas glisser ensuite vers une sieste coquine ? Le premier fantasme des Françaises serait de « faire l'amour sur une plage au clair de lune » (63 %), ou encore de « faire l'amour dans une clairière au soleil » (54 %), donc dans la nature. Les Français sont tout autant en demande de câlins en plein air[1].

Krishnamurti[2] lui-même a écrit : « La sexualité joue un rôle extraordinairement important dans notre vie parce que c'est peut-être l'unique expérience profonde et directe que nous ayons[3]. » Si la sexualité est une part essentielle de notre nature, elle est également la bienvenue *dans* la nature, comme cela s'est pratiqué pendant des millénaires, avant l'invention des si confortables literies d'intérieur. Changer les habitudes stimule le désir, et si les partenaires sont d'accord tout est permis (en dehors du délit d'exhibition sexuelle !) : le lieu, l'heure, les positions... l'interdit social pouvant aussi ajouter sa dose de piquant. Pour la saison le choix est plus restreint, températures obligent !

1. Sondages CSA/*Elle*, juin 2006 pour les femmes, et Sofres 2000 pour les hommes, relatés dans le livre d'Élise Rousseau et Philippe J. Dubois, *Comment faire l'amour dans la nature* (Danger Public, 2008).

2. Jiddu Krishnamurti est un penseur né en Inde en 1895. Son enseignement repose sur la conviction que l'être humain ne peut changer qu'en se libérant de toute autorité, de tout conditionnement.

3. J. Krishnamurti, *Le Changement créateur*, Delachaux et Niestlé, 1972.

Si l'aventure vous tente, prévoyez éventuellement un tapis de sol et une couverture, voire un encas délicat pour apprécier l'après, en harmonie avec la vie sauvage. Sur place, il faut juste trouver un support moelleux sans cailloux et sans épines, ou adopter des postures sans trop de contact avec le sol. La plage isolée est parfaite, mais rare, les dunes sont pratiques surtout la nuit tombée, et l'eau peut se révéler très sensuelle, mais attention aux courants et aux marées. Moins romantique mais plus sûr, le champ de maïs offre des alignements de paravents assez serrés pour préserver votre intimité.

Quel que soit l'endroit, il faut éviter les mauvaises surprises, qui vont des randonneurs curieux aux gendarmes, en passant par les fourmis et les tiques (voir l'encadré « Des précautions nécessaires » pages 36-37), quitte à faire un repérage. Avec de la citronnelle pour faire fuir les moustiques, l'idéal sera certainement une chaude nuit d'été... Dans la nature, les endroits adaptés à notre recherche d'intimité se font rares. Nous cherchons notre paradis perdu, en quelque sorte...

Calmez-vous au grillon

« La véritable musique est le silence et toutes les notes ne font qu'encadrer ce silence. »

Miles Davis.

Sens de la vigilance et de l'alerte, l'ouïe est constamment en éveil. Les nourrissons de 8 mois sont déjà sensibles aux accords de quinte et d'octave : c'est dire si le son, lorsqu'il nous semble harmonieux, attire notre attention et attise notre désir d'en profiter. Le son est une vibration perçue par l'oreille au niveau du tympan, puis de la cochlée et ensuite du nerf auditif du système nerveux central en passant par plusieurs aires sensorielles auditives. La complexité de ce chemin fait de l'ouïe un sens très élaboré.

Certains animaux, comme les serpents, entendent par les poumons ou par les mâchoires : le son est une vibration qui se faufile dans tout l'organisme. Il se promène dans les organes, les os, les cellules et harmonise l'ensemble du corps : c'est le principe de la musicothérapie. Certains thérapeutes posent un diapason vibrant sur des points d'acupuncture. Hélène Grimal, biologiste, et Fabien Maman, fondateur de l'Académie internationale du son, ont démontré que, s'ils sont soumis à certaines fréquences sonores, nos globules rouges changent de forme et de couleur[1] !

1. Claire Eggermon, « Musicothérapie, le son pour trouver l'harmonie », *Inexploré*, hors-série n° 6, « Guérir, trouver sa voie ».

Comme les couleurs, les vibrations acoustiques véhiculent des informations et déclenchent des émotions, vécues comme positives ou négatives, ce qui influence notre humeur et même notre comportement. L'oreille peut supporter sans trop de souci des bruits jusqu'à 70 décibels. Cependant le vacarme d'un marteau-piqueur va nous perturber physiologiquement, alors que 70 décibels de bruit de vagues, de mouettes et de ressac auront *a priori* une valeur émotionnelle agréable.

Anxiolytique naturel

L'ancêtre naturel des somnifères et des anxiolytiques pourrait bien être une petite bête : dans la Chine impériale, les grandes dames du palais gardaient près de leur oreiller une petite cage enfermant un grillon. La douce stridulation de l'insecte les aidait à trouver le calme et le sommeil. Sans infliger de captivité à un animal, vous pouvez vous aussi bénéficier des effets de cette cricrithérapie. C'est très simple : dans la campagne en fin de printemps et surtout en été, en plein jour ou au crépuscule, allez dehors et prêtez attention aux chants des grillons, des criquets et autres sauterelles. Essayez d'en identifier les différences, c'est une gymnastique de la perception très relaxante. Ce n'est pas un hasard si les grillons, appréciés dans les foyers, ont eu la réputation de porter bonheur. L'hiver au chaud chez vous, écoutez des sons d'ambiance nature avec des stridulations d'insectes, laissez-vous bercer. La symphonie de la nature, ancêtre de la musicothérapie, adoucit les mœurs, elle nous soigne.

Une preuve en a été apportée par des tests sur des patients devant subir une intervention[1]. Ceux à qui l'on avait diffusé des sons de nature (gazouillis d'oiseaux, souffle du vent...) avant l'opération se sont déclarés beaucoup moins angoissés que les autres. De nombreux autres tests le montrent : des chants des

1. Arai, *et al.*, 2008.

oiseaux aux stridulations des insectes, des clapotis d'un ruisseau au bruissement d'une forêt, les sons de la nature agissent comme des caresses vibratoires et nous transmettent du bien-être.

La musique de la nature

La nature tout entière joue de la musique, et celle-ci est harmonieuse à nos oreilles. Le musicien, naturaliste et bioacousticien Bernie Krause compare l'ensemble des sons d'un milieu naturel à une symphonie, où chaque chant animal a son registre et se démarque des autres, de la même manière que chaque instrument joue un rôle spécifique. Mais l'orchestre n'est complet que si ce milieu naturel est préservé. S'il l'est, ce qui devient rare, Krause pense que sa symphonie provoque en nous un effet pénétrant : « Il est probable que, enfoui dans les profondeurs de notre cerveau limbique, un ancien circuit s'anime chaque fois que nous nous retrouvons au contact des réseaux délicats de ce tissu acoustique, des couches multiples de résonance qui perdurent dans certaines régions sauvages[1]. »

Un autre bioacousticien, Gordon Hempton, déplore qu'il ne reste plus sur la planète qu'une cinquantaine d'espaces totalement préservés du bruit, notamment à cause de la circulation aérienne omniprésente. Comme nos paysages sonores sont de plus en plus dégradés, voici quelques pistes pour vous dégoter le site idéal. La campagne pour protéger l'Angleterre rurale (Campaign to Protect Rural England, CPRE) a élaboré des critères pour définir un « endroit tranquille » : celui-ci doit être situé à au moins 3 kilomètres d'une autoroute, d'une zone industrielle ou d'une grande ville, à 2 kilomètres des routes nationales ou des petites villes, et à 1 kilomètre des routes secondaires fréquentées par plus de 10 000 véhicules par jour[2]. Ce à quoi il faudrait ajouter l'absence de voisin bricoleur, et peut-être de réseau pour les téléphones portables...

1. Bernie Krause, *Le Grand Orchestre animal*, Flammarion, 2013.
2. Notons que le causse Méjean, en Lozère, n'est pas survolé par les avions.

Ce que nous appelons « silence » est généralement composé de la musique discrète de la nature. En effet, curieusement, les sons naturels ne perturbent pas le silence, car ils en font partie. Ils ne perturbent pas non plus la musique : des chants d'oiseaux s'intégreront dans une symphonie classique sans en gêner l'écoute.

LES MÉFAITS DU BRUIT

Vous en avez déjà eu l'expérience, par exemple près d'un vieux frigo bruyant : quand son ronflement continu s'arrête, vous ressentez immédiatement un soulagement. Vous venez soudain de prendre conscience d'une gêne qui était bien présente à côté de vous, mais que votre cerveau avait filtrée. Une prise de conscience comparable, mais concernant des milliers d'humains, a eu lieu après les tragiques attentats du 11 septembre 2001. À New York, les mesures de sécurité qui ont suivi ont imposé un silence inédit qui a donné aux habitants – malgré le choc et la douleur dus au drame – un étonnant sentiment de tranquillité. Il existe donc un phénomène d'habituation[1] au fait de supporter le vacarme ambiant, mais cette adaptation apparente n'en efface pas les nuisances.

Le bruit ambiant des villes et des banlieues est néfaste à toutes et à tous[2]. Plusieurs expériences menées en zone urbaine montrent

1. Ce néologisme désigne une méthode d'apprentissage consistant à soumettre régulièrement un stimulus à un animal jusqu'à ce qu'il s'y habitue. Par exemple, les chevaux destinés à intervenir dans des manifestations de rue ou à participer à des tournages de cinéma seront accoutumés petit à petit à entendre des coups de feu ou à longer des objets en flammes sans paniquer.

2. Le périphérique parisien fait du tapage 21 heures sur 24 ! C'est le résultat d'une étude lancée par Bruitparif, l'observatoire du bruit en Île-de-France, sur huit points fixes. De 5 heures du matin à minuit, les niveaux sonores sont très élevés, et ils sont à peine plus bas entre 2 et 4 heures du matin. Et ce, tous les jours de la semaine, même le week-end. De 100 à 1 600 pics sonores ont lieu chaque jour, liés aux passages de véhicules très bruyants (deux-roues, poids lourds, voitures rapides) ainsi qu'aux sirènes et aux klaxons. Résultat : les riverains exposés connaissent des troubles du sommeil.

que les passants viendront moins facilement en aide à des personnes en difficulté s'ils se trouvent dans un environnement bruyant et désagréable. Bref, le bruit altère notre altruisme ! Il désagrège les interactions sociales et pousse aux comportements agressifs. Il détériore également nos facultés de concentration, la qualité de notre travail et notre sérénité. On a même estimé qu'à cause du bruit des transports, un Parisien perd en moyenne huit mois de vie en bonne santé, et que le coût social de l'absence au travail ou des frais de santé s'élève à plus de 16 milliards d'euros chaque année[1] !

Le bruit nuit également à l'apprentissage des enfants : de nombreuses comparaisons de leurs résultats – selon que les élèves ont travaillé dans des salles de classe exposées aux décibels ou non (route, métro aérien, aéroport...) – montrent une différence significative de leurs performances. Une ambiance sonore trop envahissante distrait l'enfant, l'empêche de bien se concentrer et le retarde dans l'accomplissement de sa démarche mentale. Publié en 2011 par l'OMS, un rapport intitulé « La charge de morbidité imputable au bruit ambiant » confirme ces dégradations chez les jeunes de 7 à 19 ans. L'OMS précise même que leur QI est parfois réduit de 5 à 10 points ! L'élément positif de l'histoire, c'est que la disparition du bruit entraîne celle des nuisances. À bon entendeur...

Même si certains oiseaux nichent en bord d'autoroute sans sembler en être gênés, les animaux aussi sont agressés par le bruit. Une étude menée dans plusieurs parcs américains a en effet montré que le taux de cortisol (l'hormone du stress) des loups et des élans augmentait spectaculairement lorsque leur territoire était pollué par le bruit des motoneiges[2]. Ce dérangement n'est pas imputable à la présence humaine, déjà effective, mais bien aux nuisances sonores. Les bruits de nos activités troublent la plupart des espèces animales, y compris les baleines et les

1. Interview de Fanny Mietlicky, directrice de Bruitparif, dans le numéro 452 de *Ça m'intéresse*, octobre 2018.

2. Scott Creel, *et al.*, 2002.

dauphins, qui le paient parfois de leur vie en s'échouant sur nos plages – leur système auditif étant alors détérioré, ils sont donc incapables de s'orienter.

Paradoxalement, certaines personnes se disent angoissées par le calme de la campagne. Mais ce besoin de bruit n'est-il pas plutôt une peur de se retrouver dans le silence, face à elles-mêmes ? En effet, le silence est idéal pour se confronter à son intériorité.

LA MÉLODIE DU SILENCE

Le silence fait du bien. Il favorise certains processus cérébraux : il aide à structurer les informations, il favorise la croissance de nouvelles cellules de l'hippocampe, une partie du cerveau limbique, lié aux émotions[1]. Cette tranquillité acoustique permet au cerveau de s'organiser, elle active la mémoire et fait baisser la pression artérielle. Deux minutes de silence détendent plus que la diffusion d'une musique relaxante. Le silence est d'or...

Après chaque journée de travail, expérimentez une mini-cure de silence de quelques minutes. Cela calmera le flot de vos pensées et fera taire aussi vos bruits intérieurs. Après ce sas vers une disponibilité mieux ancrée dans le présent, vous serez à la fois plus réactif et plus détendu. Vous passerez une meilleure soirée et une meilleure nuit. Vous pouvez aussi tenter plus : et si vous essayiez une journée entière, deux, voire une semaine de silence ? Pas évident, mais fort et intéressant. C'est une belle rencontre avec soi-même, car le silence n'est pas vide : il nous parle.

Essayez de trouver un coin de campagne préservé au maximum des bruits parasites. Il vous offrira un extraordinaire confort mental, une invitation à l'apaisement. Si vous ne pratiquez pas la méditation, fermez juste les yeux de temps en temps, et prenez le temps de vous imprégner des sons discrets de ce silence, ceux de votre corps

1. I. Kriste *et al.*, « Is silence golden ? Effects of auditory stimuli and their absence on adult hippocampal neurogenesis », *Brain Struct. Funct.*, mars 2015.

comme ceux de votre environnement. Les gazouillis des hirondelles ou des moineaux, le bourdonnement d'une mouche, un cocorico ou la cloche d'une église au loin vont s'intégrer naturellement à ce silence et engendrer un état de calme durable et bénéfique.

Un séjour dans un tel lieu nous met dans les meilleures conditions pour une remise en ordre des idées, et sera idéal pour des activités de création. C'est peut-être aussi l'endroit approprié pour vous restructurer par le silence.

Voici ce qu'en dit Chiyesa, écrivain amérindien : « Les premiers Américains [...] croient profondément au silence – signe d'une harmonie parfaite. Le silence est l'équilibre absolu du corps, de l'esprit et de l'âme. L'homme qui préserve l'unité de son être reste calme et inébranlable devant les tourments de l'existence – pas une feuille ne bouge sur l'arbre ; aucune ride à la surface de l'étang qui brille –, telle est, pour le sage illettré, l'attitude idéale pour la conduite de la vie. [...] Le silence est la pierre angulaire du caractère[1]. »

À VOS CASQUES !

Si vous habitez une zone urbaine ou campagnarde bruyante, procurez-vous un casque isolant, comme en portent les forestiers ou les ouvriers utilisant des machines tapageuses, et mettez-le lorsque vous subissez une agression sonore. Vous pouvez y ajouter des bouchons d'oreilles pour une isolation quasi totale. Même dans les transports en commun, n'hésitez pas à vous poser un casque sur les oreilles, et atténuer ainsi les conversations et les musiques des voisins sans-gêne. Tant de personnes se promènent avec ces ustensiles accrochés sur la tête que cela ne paraîtra même pas incongru.

La diminution des bruits indésirables qui s'ensuivra vous plongera dans une bulle de calme feutré propice à vos propres

1. *Pieds nus sur la terre sacrée*, textes des Indiens d'Amérique du Nord rassemblés par T. C. McLuhan, photos d'Edward S. Curtis (Denoël, 1995).

activités : lecture, travail, méditation, repos... Et pourquoi ne pas écouter de la musique ? L'idéal pour vous désintoxiquer, au moins une fois de temps en temps, de cette bande-son extérieure qui vous poursuit jusque dans les magasins, et pour vous mettre à l'écoute de vos activités intérieures.

SOS grenouilles

Les sons de la nature perturbants - pour ne pas dire casse-pieds - sont rares, mais ils existent. Le chant continu et puissant des cigales, ou les appels amoureux des grenouilles, jour et nuit, peuvent agacer les humains d'aujourd'hui, car la perception de notre environnement sonore a changé au cours de l'histoire : nous sommes devenus plus exigeants. Des querelles de voisinage ont parfois lieu à cause des coassements émanant d'une mare. Pour ce qui est des grenouilles, sachez qu'en France tous les amphibiens sont protégés par la loi, et qu'il est interdit de les déplacer ou de détruire leur habitat[1]. Si vous êtes gêné par ce genre de compagnie, vous n'avez guère d'autre choix que d'attendre la fin de la saison des amours (généralement au printemps[2]). Dans la plupart des communes, les bruits de tronçonneuses, tondeuses et autres souffleuses de feuilles mortes sont autorisés tous les jours et toute l'année. On peut donc relativiser... S'il s'agit d'aboiements continus de chien(s), il y a peut-être une enquête à mener sur une éventuelle maltraitance animale, et des associations de type SPA à avertir.

1. Par arrêté ministériel du 19 novembre 2007 fixant les listes des amphibiens et des reptiles protégés sur l'ensemble du territoire et les modalités de leur protection. Le niveau de protection diffère selon les espèces (les grenouilles vertes et rousses peuvent être pêchées sous certaines conditions, par exemple), et l'interdiction de la destruction de l'habitat ne concerne que les espèces visées à l'article 2. Voir https://www.legifrance.gouv.fr/affichTexte.do?cidTexte=JORFTEXT000017876248&fastPos=1&fastReqId=1238365798&categorieLien=cid&oldAction=rechTexte

2. Cela dépend des espèces, car les grenouilles vertes peuvent chanter encore en été et les rainettes jusqu'en automne, mais elles se font plus discrètes, car ça n'est plus lié à la reproduction. Les coassements gênants ont globalement lieu au printemps.

Contemplez la verdure

« Je ne me fais pas des idées quand je me dis que la vue du ciel, des nuages, de la lune et des étoiles m'apaise et me donne espoir. Ce remède est bien plus efficace que la valériane ou le bromure, la nature me rend petite et me donne le courage de faire face à tous les coups durs !

« Le sort a voulu que je n'aie le droit de voir la nature qu'à de rares occasions, à travers des fenêtres couvertes d'une épaisse couche de poussière et voilées de rideaux sales, et je n'éprouve plus aucun plaisir à regarder au travers, la nature est la seule chose qu'on ne peut remplacer par un ersatz ! »

Anne Frank, *Journal*.

Nous sommes une espèce essentiellement visuelle, à tel point que nous disons couramment « je vois » pour signifier « je comprends ». Grâce à notre passé de singes frugivores, nous percevons mieux les couleurs que la plupart des mammifères, et nous prenons plaisir à les contempler. Les pigmentations vives des fleurs nous attirent autant que si nous étions des insectes butineurs. La féerie multicolore d'un arc-en-ciel est toujours pour nous un événement enchanteur. Illuminés par les rayons solaires, les vitraux colorés d'une cathédrale nous procurent des émerveillements d'enfant.

« La couleur est par excellence la partie de l'art qui détient le don magique », a écrit Eugène Delacroix dans son *Journal* (1822-1863).

En fait, les couleurs n'existent pas en tant que telles ; c'est notre cerveau qui interprète les différentes longueurs d'onde lumineuse et les traduit en visions colorées. Celles-ci influencent quotidiennement notre humeur et nos émotions. Une médecine alternative, la chromothérapie, consiste à apporter certains soins en utilisant des filtres de couleur, et en projetant des rayons lumineux colorés sur des zones infectées ou douloureuses, notamment sur des points d'acupuncture. La vibration des couleurs pourrait agir sur un organe ou sur une émotion.

Traditionnellement, des couleurs froides comme le vert et le bleu sont réputées apporter de l'apaisement, alors que des couleurs chaudes comme le jaune et le rouge traduisent plus l'énergie. Le rouge stimulerait la production d'hémoglobine, le vert apaiserait le stress et le violet boosterait la mémoire et l'inspiration[1]. La décoration des bureaux, des restaurants ou des espaces commerciaux est souvent choisie pour apporter une ambiance favorable à la fonction des lieux. Beaucoup de ces considérations sont variables d'une culture à l'autre, chacune donnant des valeurs émotionnelles différentes à une même couleur : le blanc sera associé au deuil dans un pays, au mariage dans un autre.

Du vert pour voir la vie en rose

Le vert tient une place particulière dans notre vision, sans doute parce que nos lointains ancêtres évoluaient dans la végétation et devaient discerner toutes les nuances de la verdure. Notre rétine est dotée d'un plus grand nombre de récepteurs sensibles à la gamme des verts qu'aux autres couleurs.

1. Claire Eggermon, « Le soin en lumière », *Inexploré*, hors-série n° 6, « Guérir, trouver sa voie ».

Nourrissez votre regard, entourez-vous d'autant de végétation que vous le pouvez dans votre vie quotidienne : sa vue stimulera des sensations de bien-être. Les couleurs de la nature, le vert de la végétation et le bleu pur du ciel ont un effet relaxant. Un simple pot de fleurs est bénéfique : les enregistrements encéphalographiques de personnes testées montrent que s'il est fleuri, leurs ondes cérébrales reposantes s'activent, ce qui n'est pas le cas s'il est vide[1].

Des études statistiques avaient déjà révélé qu'en milieu carcéral, les prisonniers dont les cellules avaient une perspective sur de la verdure étaient moins demandeurs de soins que les autres[2]. En 1984, le géographe Roger Ulrich montrait dans le magazine *Science* que, dans un hôpital, les convalescents dont la chambre donnait sur des arbres se remettaient mieux de leur opération que les malades n'ayant une vue que sur un mur de brique. Ils avaient moins besoin de médicaments et se retrouvaient plus vite sur pied.

Depuis, les confirmations de ces bienfaits n'ont pas cessé de nous parvenir. Où que nous soyons, dans des hôpitaux ou des prisons, mais aussi dans des bureaux ou des écoles, la simple vue de la verdure depuis une fenêtre bonifie notre état d'esprit, notre moral et notre santé.

DESSINEZ UNE FLEUR

Tout comme la nature, il est un domaine qui nous soutient dans toutes les épreuves de l'existence et qui nous accueille toujours, quel que soit notre moral : c'est l'art. L'un est propice à l'autre : pratiquer un art dans la nature réunit donc deux grands alliés de notre bien-être.

En balade, vous avez autour de vous des sujets d'inspiration merveilleux avec les arbres et les fleurs. Dessiner les fleurs qui

1. Nakamura et Fujii, 1990 et 1992.
2. Moore, 1981. Voir aussi *Pourquoi la nature nous fait du bien ?* en bibliographie.

vous plaisent évite leur destruction : cela vous permet d'en garder une image sans les cueillir pour des bouquets ou des herbiers. Dessiner demande un investissement d'énergie et une mobilisation constructive de tout votre être. L'architecte Jacques Herzog disait que dessiner suspend la pensée...

Profitez de ce moment de calme pour porter votre attention à votre modèle. Votre dessin vous conduira à observer mieux les détails, à vous pénétrer de votre sujet, à travailler avec humilité, à faire le vide. La concentration sur votre dessin gommera bien des soucis, et votre sujet d'étude restera gravé dans votre mémoire comme un moment habité. Des années plus tard, si vous repassez devant l'endroit où vous avez dessiné, vous vous en souviendrez encore.

Cette observation prolongée des formes d'un être vivant conduit à en découvrir des détails, des logiques, un fonctionnement, c'est aussi une leçon de sciences enrichie par tout le ressenti du terrain.

Faites-vous une fleur : retrouvez votre spontanéité d'enfant !

Le silence des yeux

Nos yeux ont besoin d'un silence d'images agressives autant que nos oreilles ont besoin d'un silence acoustique. À cause de la pollution visuelle qui nous entoure, ce calme optique n'est pas possible partout. Tentez, au moins une journée (plus si vous êtes en vacances), d'épargner à vos yeux les agressions visuelles dont ils sont les victimes passives quasiment chaque minute de la journée, essentiellement à cause des publicités. Ces agressions s'infiltrent dans tous les actes de votre vie : les affiches dans les rues, le métro, sur les autobus, à la télé, lors de vos recherches sur Internet, sur vos vêtements, partout... Reposez vos yeux et votre mental de ces incursions imposées sans votre consentement, parfois même sans que vous en ayez conscience. Pour cela, la nature est le refuge idéal.

Pour préserver notre environnement visuel, des associations de citoyens, comme Paysages de France[1], se battent afin de faire enlever les panneaux publicitaires, généralement illégaux, qui enlaidissent les bords de route, les zones industrielles et même les parcs naturels. C'est avec les peintres qu'un tel combat a commencé. Au XIXe siècle, la première réserve naturelle de France a été créée pour des raisons non pas écologiques mais esthétiques, à la demande de Théodore Rousseau et des peintres paysagistes de Barbizon, à Fontainebleau. Plus qu'un simple modèle pour ses tableaux, Théodore Rousseau voyait dans la forêt « le désordre primordial le plus rigoureux » et regrettait, selon Émile Zola, que la peinture officielle d'alors nie l'âme des arbres[2]. Le dessin et la peinture nous permettent de nous imprégner de cette âme. Le bien-être que nous procure la nature vient aussi – et surtout ? – de l'impression de beauté puissante qui s'en dégage.

1. Les bénévoles de l'association attaquent les afficheurs et les maires non respectueux de l'environnement et de la loi et obtiennent généralement gain de cause. Ils font enlever des pancartes, parfois énormes, à l'aide de grues ou d'hélicoptères. À Grenoble, Paysages de France a même organisé une campagne « Casse-toi tu pub ! » : www.paysagesdefrance.org

2. Jean-Luc Majouret, « Les peintres de Barbizon, écolos avant l'heure », *Télérama*, 5 août 2011, www.telerama.fr/scenes/les-peintres-de-barbizon-ecolos-avant-l-heure,71733.php

Méditez dans les bois

> « Ces heures de solitude et de méditation sont les seules de la journée où je sois pleinement moi et à moi sans diversion, sans obstacle, et où je puisse véritablement dire être ce que la nature a voulu. […] L'habitude de rentrer en moi-même me fit perdre enfin le sentiment et presque le souvenir de mes maux, j'appris ainsi par ma propre expérience que la source du vrai bonheur est en nous. »
>
> Jean-Jacques Rousseau,
> *Les Rêveries du promeneur solitaire.*

Un élément invisible annonce notre arrivée sur Terre en permettant notre premier cri : l'air. L'air qui pénètre dans nos poumons, c'est la vie qui se diffuse en nous, et c'est comme un miracle sans cesse renouvelé. Avec quelque 22 000 à 23 000 cycles respiratoires chaque 24 heures, tout au long de notre existence, notre respiration restera notre assurance-vie. Mais curieusement nous ne pensons jamais à elle, car elle est automatique et fonctionne sans notre contrôle.

Or, si nous relions notre esprit à notre souffle en lui portant attention, nous prenons conscience de la magie de ce mouvement régulier, nous entrons pleinement dans le présent. C'est la base de la méditation, ou état de « pleine conscience », dont la pratique régulière apporte une étonnante sérénité, une solide joie de vivre, et va jusqu'à améliorer notre organisme et notre santé en profondeur. La méditation est désormais prise au sérieux dans nos cultures matérialistes : il existe même un programme clinique de réduction du stress par la pleine conscience (*mindfulness-based stress reduction*, ou MBSR) désormais utilisé dans des centaines d'hôpitaux aux États-Unis et dans le monde, et en pleine expansion.

La respiration est généralement la base de la méditation parce qu'elle est une « cible mouvante », c'est-à-dire un mouvement lent et régulier qui empêche l'attention de s'évader[1]. D'autres cibles mouvantes, comme le va-et-vient des vagues en bord de mer (voir page 124, « Avec vue sur la mer ») ou les flammes d'un feu de bois (voir page 144, « Une contemplation hypnotique »), invitent à des méditations spontanées. Cependant, le souffle restant perpétuellement à notre disposition, il joue un rôle central dans la pratique.

L'AIR, LE SOUFFLE ET LA MÉDITATION

Démystifions la méditation. La méditation, comme la relaxation, est un exercice simple et adapté à nos vies quotidiennes. Il n'est pas utile de se lancer dans des démarches complexes pour en apprécier les nombreux bénéfices. Elle n'est ni une activité nombrilique ni un retrait du monde : elle permet au contraire de trouver des comportements plus lucides, justes et sereins, afin de nous y insérer plus harmonieusement. Ne la confondons pas non plus avec la méditation transcendantale, expérience rare et généralement réservée à des pratiquants de longue date, qui ne s'obtient pas sur commande. Enfin, ne l'intellectualisons pas non plus : la méditation se fait d'abord avec le corps et avec les sensations. Rappelons également que si elle a été extrêmement développée en Orient, elle n'est pas une pratique uniquement orientale. À la fin du XVIe début du XVIIe siècle, saint François de Sales disait d'ailleurs (dans son *Introduction à la vie dévote*, 1619) :

1. Christophe André, *3 minutes à méditer*, L'Iconoclaste, 2017.

« Une demi-heure de méditation est essentielle, sauf quand on est très occupé. Alors une heure est nécessaire. »

Les enfants sont tout à fait capables de méditer, et cela leur apporte une façon d'être devenue précieuse aujourd'hui. Ils apprennent à prendre leur temps, à se calmer, à se concentrer. Et ils aiment ça ! La méditation est un antidote naturel à la toxicité des écrans (voir le chapitre « Sortez les enfants » pages 23-28), et de plus en plus d'enseignants y ont recours. Le succès international du livre/CD destiné aux 5-12 ans *Calme et attentif comme une grenouille* d'Eline Snel en témoigne : la méditation est accessible à toutes et tous, et bonne pour chacun et chacune !

La méditation est une expérience de présence pure. Ni entièrement passive ni entièrement active, elle est une ouverture vers ce qui est, ici et maintenant. Elle calme notre agitation mentale et nous aide à prendre du recul. Elle change le rapport que nous entretenons avec nos pensées : sans les chasser ni les analyser, nous en devenons les simples témoins. Elle aiguise nos capacités sensorielles, transforme notre esprit et triple les facteurs de croissance de notre cerveau. Méditer 30 minutes par jour pendant plusieurs semaines entraîne déjà des effets bienfaisants mesurables médicalement.

Même si un pratiquant chevronné peut méditer dans la cohue du métro, pour les débutants la nature sera plus propice, car son calme favorise le recueillement. D'ailleurs, on médite parfois sans le savoir en marchant dans le silence de la campagne, en jardinant, en contemplant la danse des nuages ou en attendant le passage d'un animal dans un affût d'observation : on habite le lieu et l'instant, en pleine conscience. La nature est un terreau extrêmement fertile pour harmoniser sa pensée et se sentir bien. Qui plus est, toutes les méthodes de relaxation méditative permettent de ralentir sa fréquence cardiaque, de respirer plus profondément et d'abaisser sa tension artérielle. Pourquoi s'en priver ?

Réapprenez à respirer

« Respirer mieux, c'est vivre mieux », nous rappelle Arthur Guérin-Boëri, champion du monde… d'apnée[1]. Bébés, nous respirons par le ventre, comme les yogis, et notre capacité thoracique nous permet des cris étonnamment puissants. Adultes, nous avons oublié cette façon de faire, notamment à cause de l'usage de la parole, et nous ne respirons que partiellement, essentiellement par le haut de la cage thoracique : en dehors du sommeil profond, nous n'utilisons plus que 30 % de nos poumons !

La respiration uniquement par le haut des poumons diffuse des messages d'alerte via le système nerveux sympathique et envoie des décharges d'adrénaline. Au contraire, la respiration complète permet au système parasympathique de s'exprimer et de calmer les défenses. Elle assure une meilleure oxygénation du corps et une détente des muscles. De plus, le ventre produit 80 % de notre sérotonine, ce neurotransmetteur qui nous donne une sensation de bien-être. Il nous faut donc reprendre nos bons vieux réflexes de gros bébé. Voici trois expériences accessibles pour y parvenir, la première donnant l'habitude de trouver le calme nécessaire au ralentissement de la respiration.

- Première expérience

Relaxez-vous. La relaxation est un simple exercice de détente. Choisissez un coin tranquille, allongez-vous confortablement, habillé chaudement si besoin. Fermez les yeux, laissez les bruits alentour devenir votre fond sonore. Votre souffle va ralentir peu à peu, naturellement, sans que vous le contraigniez. Portez attention à votre corps en commençant par le bas, afin de vérifier élément par élément que vous êtes entièrement détendu. Vos pieds doivent se laisser aller, puis vos jambes, vos fesses, votre dos largement étalé, détendu sur le sol dans un sentiment de confiance, puis votre nuque

1. Arthur Guérin-Boëri, *Le Bien-être sous l'eau*, Genèse Édition, 2017.

et votre visage, front déplissé et bouche entrouverte. Quand tout a été passé en revue, un soupir d'aise, comme savent en émettre les enfants, peut vous venir. Laissez aller les pensées sans les chasser. Restez un moment à apprécier cette relaxation totale, parfois à la limite du sommeil. Puis reprenez une respiration plus ample, et à l'inspiration, ouvrez les yeux. Si vous vous êtes endormi, c'est que vous aviez besoin de recharger les batteries, c'est très bien aussi ! Régénéré, relaxé et serein pour le reste de la journée.

- Deuxième expérience

Installez-vous dans une position confortable, si possible en tailleur et dos droit pour sentir l'axe de votre corps, et laissez votre respiration se calmer sans la forcer. Fermez les yeux pour mieux ressentir vos organes. Considérez vos poumons comme des ballons de baudruche, et remplissez-les avec la même mécanique. Inspirez lentement en commençant par le haut des poumons, qui se situe plus haut que l'on croit généralement, derrière les clavicules, mais sans pour autant faire bouger vos épaules. Puis faites tranquillement venir l'air vers le centre, plexus solaire et diaphragme, ce muscle oublié mais si important dans la respiration. Enfin l'air emplit l'abdomen, qui donne l'impression de se gonfler jusqu'à la vessie. Votre ventre se libère et se relâche, comme si vous desserriez une ceinture de plusieurs crans. À l'expiration, faites le mouvement inverse, comme un ballon qui se dégonfle, du bas vers le haut[1].

Il existe des exercices contraires, apparemment moins logiques parce qu'ils font inspirer de l'abdomen vers les clavicules, mais tous développent les poumons dans leur entièreté.

- Troisième expérience

Initiez-vous à la méditation. Dans la nature, chez vous, où vous pouvez, une méditation régulière de pleine conscience apporte

1. Cette méthode de respiration m'a été enseignée il y a des décennies par Yvonne Millerand, une pionnière du hatha yoga en France, et par sa fille Béatrice Millerand-Bouchillou. Voir www.beatrice.millerand.free.fr

un précieux rendez-vous avec votre corps et avec vous-même, une intensification de l'instant aux multiples effets bénéfiques. Concentrée sur le souffle, la méditation est à la fois simple et subtile. Il faut avant tout ressentir ce très important moment de calme, car il s'obtient par le corps, et les mots le définissent difficilement. La méditation se pratique généralement assis, en tailleur, dos droit et corps détendu, parfois allongé. Mais il existe plusieurs méthodes, et sans doute autant d'interprétations que de disciples.

Si l'expérience vous tente – et elle devrait vous tenter ! –, d'excellents livres ont été publiés sur la méditation (ceux de Matthieu Ricard, Christophe André et Jon Kabat-Zinn, par exemple), dont plusieurs sont accompagnés d'un CD très utile pour guider vos premiers pas, ou pour élargir votre pratique. Vous pouvez également écouter des méditations disponibles sur YouTube, notamment guidées par l'acteur Bernard Giraudeau. Il peut être utile de suivre des cours afin d'être bien accompagné.

La méditation n'est pas « penser à rien », mais plutôt prendre du recul sur ses pensées et faire taire son désordre mental. Dans la courte introduction de son best-seller *Méditer jour après jour*, Christophe André écrit : « Vivre en pleine conscience, c'est régulièrement porter une attention tranquille au moment présent. Cette attitude peut modifier notre rapport au monde de manière radicale, apaiser nos souffrances et transcender nos joies[1]. »

Le bien-être est contagieux

L'été 1993, le physicien John Hagelin a conduit une étrange expérience. Supervisées par un comité indépendant, 4 000 personnes ont médité ensemble, à Washington D.C. Or, selon le FBI, la violence criminelle dans la ville et aux alentours a baissé de 24 % dans le même laps de temps. D'autres expérimentations semblables ont montré que la méditation génère des ondes alpha,

1. Christophe André, *Méditer jour après jour*, L'Iconoclaste, 2013.

apaisantes pour le méditant, mais également pour les autres lorsqu'elle est effectuée par de nombreuses personnes. Les bienfaits de la méditation pourraient donc bien dépasser les pratiquants. En 2017, une étude menée auprès de 2 000 étudiants et publiée dans *Royal Society Open Science* montrait que le bien-être de chacun influence l'humeur des proches. Un indice de plus de la contagion du bien-être.

Quand la science s'ouvre à l'inexploré

De nouvelles générations de scientifiques et de médecins s'ouvrent à des domaines qui faisaient récemment encore la risée de leurs professeurs. En France, des chercheurs ont analysé l'état de conscience du moine bouddhiste Matthieu Ricard lorsqu'il est en méditation ; d'autres étudient le fonctionnement cérébral de Corine Sombrun, une Occidentale initiée aux rites mongols et capable d'entrer par la volonté dans des transes chamaniques ; d'autres encore ont effectué des tests sur Nicolas Fraisse, cet homme à qui il arrive fréquemment de sortir de son corps[1]. Ailleurs, ce sont d'autres formes d'états de conscience modifiée qui sont scrutées en laboratoire. La science s'intéresse désormais à des pratiques différentes, expérimentées depuis des millénaires par les peuples humains proches de la nature. En effet, la proximité avec le milieu sauvage semble un point commun fort de ces cultures capables d'ouvrir leurs perceptions à d'autres états de conscience, et de mieux sentir le monde.

1. Sylvie Dethiollaz et Claude Charles Fourrier, *Voyage aux confins de la conscience. Dix années d'exploration scientifique des sorties hors du corps, le cas Nicolas Fraisse*, préface de Frédéric Lenoir, Guy Trédaniel Éditeur, 2017.

Mouillez la chemise

« C'est la nature qui guérit les malades. »

Hippocrate, *Corpus hippocratique*.

Après la méditation, l'action !

La sudation est une stratégie naturelle du corps pour le rafraîchir lorsqu'il fait chaud. Notre organisme est doté d'une multitude de ces stratégies de fonctionnement ou de résistance aux agressions. Peu connue en France, une thérapie pleine de bon sens est à l'écoute de nos capacités naturelles : la médecine darwinienne.

La médecine darwinienne

Notre corps est notre échantillon personnel de nature. Il a été forgé par des millions d'années d'évolution, et il bénéficie d'un fonctionnement et d'une résistance hérités d'une intransigeante sélection naturelle. Notre vaisseau organique porte en lui des aptitudes, un équilibre, un savoir secret que nous avons tout intérêt à écouter. La médecine darwinienne, appelée ainsi parce qu'elle s'appuie sur l'héritage de l'évolution (et non parce qu'elle daterait du XIXe siècle), est à l'écoute de notre fonctionnement organique : la transpiration, la fièvre, les quintes de toux, ou encore le taux de fer chez les femmes enceintes, tout cela tient compte de notre logique interne[1].

Ainsi, le faible taux de fer chez la future maman et dans le lait maternel qui paraît être une faiblesse – parce que le fer est indispensable – trouve en réalité une explication logique avec la médecine darwinienne : cette baisse constitue un antibactérien naturel, car le fer favorise la multiplication des bactéries. Fournir des compléments de fer à une femme enceinte ou à un nourrisson n'est donc pas forcément une bonne idée ! Des injections de fer, administrées en toute bonne foi à des nourrissons, ont provoqué une multiplication par 7 de leurs risques de septicémie et de méningite. Par conséquent, il est prudent d'étudier chaque cas avant de déterminer la pertinence d'un traitement.

Dans la nature, la fièvre est très répandue : même les grenouilles ou les poissons peuvent la ressentir ! Lorsqu'une infection fait monter notre température, il s'agit d'une défense naturelle de notre organisme mise au point par le long travail de l'évolution. Jadis, en cas de fièvre, on préconisait la mélisse pour favoriser la transpiration et l'évacuation des microbes. Aujourd'hui, dès que nous avons une petite poussée de fièvre, nous avons pris l'habitude de la stopper avec des cachets. Est-ce vraiment la bonne solution ? Des expériences telles que celle-ci prouvent le contraire : on a inoculé un virus de rhume à des volontaires, puis donné de l'aspirine à la moitié d'entre eux, un placebo aux autres. Ceux qui ont pris de l'aspirine ont été plus lents à guérir que les autres ! La fièvre est bien une réponse adaptative efficace et, en dehors des poussées graves évidemment, qui nécessitent une consultation, dans beaucoup de cas nous aurions sans doute intérêt à la laisser s'exprimer, comme le conseille la médecine darwinienne.

---

1. Cette pratique a été appelée *darwinian medecine* (« médecine darwinienne ») par les Anglo-Saxons dès 1991. Elle est développée dans une partie de l'ouvrage *Cro-Magnon toi-même !* de Michel Raymond (Seuil, 2008). Plusieurs exemples évoqués ici, comme l'expérience sur la fièvre ou le taux de fer chez la femme enceinte, ont été inspirés de ce livre.

ÉCOUTEZ VOTRE CORPS, PAS LES SIRÈNES

Notre corps repousse naturellement ce qui l'agresse. La toux, les vomissements ou la diarrhée sont des réflexes d'éjection qu'il ne faut pas bloquer sans savoir pourquoi ils se déclenchent. L'éternuement dégage les fosses nasales de ses miasmes et de ses résidus de pollution : il peut propulser des microbes à 50 km/h et à 9 mètres de distance ! Éternuer est excellent pour la santé, essayer de bloquer un éternuement en se pinçant le nez peut endommager les vaisseaux sanguins du cerveau. Une forte diarrhée due à des bactéries, notamment sous les tropiques, ne doit pas être stoppée avec des médicaments qui empêcheraient le mécanisme de rejet, car ils maintiendraient un bouillon de culture interne pouvant s'avérer dangereux.

Pourquoi avons-nous tendance à contrer ces phénomènes naturels, alors qu'ils nous maintiennent en bon état ? Parce que nous ne savons plus les écouter. Notre environnement social et notre psychisme sont envahis d'incitations à acheter des médicaments comme s'ils représentaient toujours la seule issue possible. Mais ces substances ont toutes des effets secondaires potentiels. Des revues indépendantes des laboratoires comme *Prescrire* dénoncent régulièrement toute une série de produits inefficaces, voire dangereux, ce qui est régulièrement confirmé par des enquêtes libres d'influence[1]. En 1996 déjà, la Confédération nationale de santé déclarait que la réduction du risque iatrogène, c'est-à-dire dû aux médicaments, était une priorité. Près de dix ans plus tard, la sénatrice Anne-Marie Payet révélait qu'ils provoquaient quelque 140 000 hospitalisations et 13 000 décès par an[2].

1. Ainsi, dans son hors-série n° 191 « Se soigner sans ordonnance », le magazine *60 millions de consommateurs* (décembre 2017-janvier 2018) affirme que l'Actifed rhume jour et nuit, l'Actifed états grippaux, le Doli état grippal, le Strepsils lidocaïne, le Strepsils miel citron, et bien d'autres ne sont pas efficaces et présentent des risques d'effets secondaires sérieux. Bon à savoir...

2. Miriam Gablier, « S'ouvrir à une médecine complémentaire », *Inexploré*, hors-série n° 6, novembre 2017.

Les laboratoires pharmaceutiques, acteurs de l'industrie chimique, fabriquent 143 000 molécules de synthèse et introduisent chaque année 500 000 tonnes de substances supplémentaires dans notre environnement, qu'il soit externe ou interne.

À ces pollutions chimiques s'ajoutent une dérive mercantile des grands laboratoires et des scandales sanitaires qui ont provoqué une méfiance durable du public. Celui-ci fait de plus en plus appel aux médecines alternatives ou complémentaires (MAC). En 2015, l'Ordre des médecins déclarait que 40 % des Français y avaient déjà eu recours, et le chiffre est en augmentation.

Cela ne remet évidemment pas en cause la médecine conventionnelle dans son ensemble. Il ne s'agit pas d'arrêter de voir son praticien, mais au contraire de ne pas hésiter à en consulter plusieurs afin de recueillir des avis complémentaires. Et bien sûr, il convient d'éviter au maximum les molécules chimiques de synthèse en testant des thérapies plus naturelles, notamment quand la médecine allopathique n'apporte pas de réponse satisfaisante, ou que les effets secondaires des médicaments sont trop lourds à supporter. La médecine naturelle, ou naturopathie, approche l'organisme humain dans son ensemble et propose d'autres techniques de soin non négligeables, comme bien d'autres pratiques thérapeutiques.

Qu'est-ce que la naturopathie ?

La naturopathie, ou naturothérapie, est une médecine non conventionnelle qui englobe un ensemble de soins exclusivement naturels et biologiques pour renforcer les défenses de l'organisme afin de l'aider à se guérir lui-même. Il est amusant de remarquer que le mot *path*, en anglais, signifie « chemin » (bien que le suffixe -path vienne plutôt du grec *pathos*). La plupart des dix pratiques naturopathiques sont abordées dans cet ouvrage : l'hygiène nutritionnelle et l'alimentation ; l'hygiène mentale et la relaxation ; les activités physiques comme la marche ou la nage ; l'hydrothérapie et l'usage de l'eau ; des techniques réflexes comme la réflexologie

plantaire ; les techniques respiratoires ; l'utilisation des plantes ou encore les techniques dites vibratoires, comme la luminothérapie, la musicothérapie ou la chromothérapie.
Officialisée en Suisse, en Allemagne ou en Grande-Bretagne, la naturopathie n'est pas reconnue en France, ce qui représente un vrai danger pour les patients. Des pratiquants français peu sérieux vont en effet jusqu'à conseiller d'arrêter l'allopathie (la médecine classique) alors qu'ils ne connaissent pas et ne maîtrisent pas les conséquences de leurs prescriptions. En Allemagne, au contraire, le titre de *Heilpraktiker* s'obtient après des formations, puis des validations de connaissances de très haut niveau, ce qui rend ces naturopathes totalement compétents. Un exemple à suivre… que la France ne suit pas.

Faites-vous suer

Seules des activités soutenues comme une séance d'escalade ou un jogging en forêt feront jouer l'une de nos plus importantes stations d'épuration personnelles : la transpiration. Elle permet d'éliminer naturellement quantité de toxines, favorise des défenses immunitaires qui sans elle seraient surchargées et évite des inflammations. Mouiller sa chemise élimine également des pesticides, des métaux et d'autres substances toxiques apportées par les pollutions.

Les bienfaits de la sudation sont connus et favorisés depuis des siècles dans quasiment toutes les régions du globe : au nord les saunas, au sud les hammams, à l'ouest les pierres chaudes des Amérindiens posées sur le corps, à l'est les bains collectifs japonais. Sur l'île volcanique du Japon justement, où les sources naturelles d'eau sulfureuse abondent, les bains publics les plus prisés se situent en extérieur, entourés d'arbres et de rochers. Malins comme des singes, les macaques japonais passent eux aussi des heures de voluptueux bien-être dans ces baignoires naturelles.

En obligeant le corps à s'adapter au stress thermique, les séances d'immersion dans une grosse chaleur diminueraient les risques d'accident cardio-vasculaire. Cependant, comme en toutes choses, il faut éviter les excès : une trop forte transpiration peut entraîner la perte d'oligoéléments essentiels comme le potassium. Le moyen le plus simple pour vous faire suer est de pratiquer un sport de nature, qui liera une transpiration naturelle avec les bienfaits d'une activité physique, le tout en plein air.

Soignez-vous par les plantes

> « Les traitements naturels, surtout les plantes, paraissent être les seuls à se prévaloir d'une carrière si lointaine qu'on n'en trouve pas le début. »
>
> Dr Jean Valnet,
> *La Phytothérapie*.

Fixés dans sol, les végétaux ne peuvent échapper géographiquement à leurs agresseurs. Ils doivent donc trouver en eux-mêmes des moyens de se protéger de leurs attaques, notamment par la chimie. Peaufinées par des millénaires de sélection naturelle, les molécules élaborées par les plantes sont si performantes qu'elles ont aussi le pouvoir de nous protéger. Ainsi, le phénol de défense contenu dans le thym est un antimicrobien pour l'humain.

Tous les peuples encore proches de la nature connaissent les propriétés médicinales de leur flore locale. Ils se rendent en forêt ou en montagne, comme nous allons à la pharmacie, pour prélever des plantes afin de soigner leurs maux. Les végétaux qu'ils utilisent sont si efficaces que leurs principes actifs sont étudiés par l'industrie pharmaceutique. Étudiés et souvent volés, c'est-à-dire sans aucun retour financier sur les peuples autochtones qui apportent leurs connaissances au reste de l'humanité. La pratique est assez courante pour porter un nom : la biopiraterie[1].

À leur origine, la plupart de nos médications actuelles ont été issues des plantes sauvages, qu'on appelait les « simples », ou « simples médecines » : 70 % des entrées du *Vidal*, le dictionnaire des médicaments, mentionnent des produits encore composés d'extraits de plantes, naturels ou synthétisés. L'exemple le plus célèbre est aussi le remède universel par excellence : l'aspirine. Désormais chimique, ce médicament est un dérivé de l'acide salicylique du saule, dont les propriétés étaient déjà utilisées durant l'Antiquité. Quand nous nous promenons dans la nature, nous sommes donc entourés d'une véritable pharmacie dont nous ne connaissons plus les possibilités.

Quand les animaux se soignent

Cette pharmacopée naturelle, les animaux semblent la connaître depuis toujours. En Amazonie, et ailleurs, des perroquets ingurgitent régulièrement une terre riche en kaolin qui absorbe les toxines contenues dans leur alimentation. À Madagascar, les lémuriens à front roux ont une étrange habitude : il leur arrive de mâcher un mille-pattes, puis ils se frottent l'anus et la région génitale avec sa dépouille. Après ce massage intime, ils avalent la bête... Ce rituel sert vraisemblablement à éliminer des parasites, en application externe puis interne, car les mille-pattes contiennent des substances anti-microbiennes. En Afrique, les chimpanzés peuvent parcourir des kilomètres pour consommer des plantes sans intérêt nutritif, mais capables de soulager divers maux. Ils plient par exemple des feuilles d'*Aspilia*, qu'ils avalent

1. Ainsi, l'association France Libertés a accusé l'IRD (Institut de recherche et de développement) de biopiraterie : le 4 mars 2015, l'Institut déposait un brevet sur une molécule extraite de *Quassia amara*, un arbre guyanais connu des guérisseurs locaux pour soigner le paludisme, mais en s'abstenant d'avertir les Amérindiens concernés, sans qui aucune recherche n'aurait été possible.

sans mâcher. Avec le transit, la surface rugueuse et velue de ces végétaux évacue des vers parasites, et sert de vermifuge. Des singes malades absorbent des tiges amères de *Vernonia amygdalina* pour lutter contre le paludisme. Des dizaines de molécules ont ainsi été identifiées par les observateurs, notamment par la vétérinaire Sabrina Krief. Fait étonnant : les guérisseurs locaux utilisent les mêmes plantes contre les mêmes maux.

Les animaux domestiques sont, eux aussi, tout autant capables de cette automédication spontanée, appelée zoopharmacognosie. La praticienne Caroline Ingraham a réalisé des expériences étonnantes[1]. En France dans un élevage de chèvres bio, elle a proposé des récipients avec différentes huiles essentielles à des animaux atteints de maladies distinctes. Les chèvres se sont dirigées vers ce qui correspondait à leurs besoins : celles qui avaient une infection respiratoire avec des micro-bactéries sont allées vers le thym, celles qui étaient atteintes d'un virus vers la mélisse, celles qui avaient des parasites vers le vermouth et l'ail... Dans un centre de soins au Kenya, Caroline Ingraham s'est occupée d'une éléphante, Sinya, tombée dans un puits et victime d'une infection, et pour laquelle les antibiotiques n'avaient plus d'efficacité. Sinya a d'abord été attirée par des huiles essentielles de clou de girofle et d'ail, ce qui pourrait indiquer une synergie entre les deux substances. L'éléphante a décidé seule du dosage et de la durée de son traitement. Au onzième jour, elle n'a plus pris que l'ail, puis s'est arrêtée, s'étant guérie en six semaines. Ce genre d'expérimentation soulève le passionnant mystère de l'origine de la médecine, qui concerne de nombreuses espèces, des insectes aux oiseaux en passant par les humains.

1. Voir son livre, non traduit : Caroline Ingraham et Martin Stubbs, *How Animals Heal Themselves: Ingraham Applied Zoopharmacognosy*. Bristol, Ingraham Trading Ltd 2014.

Les végétaux qui soignent nos maux

L'expérience nous renseigne sans ambiguïté sur l'efficacité de certains végétaux : nul besoin d'essais cliniques pour connaître les pouvoirs laxatifs des pruneaux[1] ! Mais pour l'ensemble des espèces végétales, il y a un monde entre la connaissance des pratiquants et la reconnaissance officielle. Sur 20 000 plantes médicinales recensées sur la planète, la pharmacopée française n'en a retenu que 562, dont 425 sont traditionnelles. Les pharmaciens peuvent vendre l'ensemble de ce demi-millier de plantes officialisées, mais pas les herboristes... En 1941, le gouvernement de Vichy a supprimé le diplôme d'herboriste dans sa loi sur l'exercice de la médecine, et la profession n'est depuis plus reconnue. Des 4 000 herboristeries de l'époque, il ne reste plus qu'une vingtaine de boutiques aujourd'hui, qui n'ont le droit de vendre que les 180 plantes traditionnelles libérées du monopole pharmaceutique[2].

Quelle est la différence entre herboristerie et phytothérapie ? Les herboristes préparent les plantes, voire les récoltent, et les utilisent en entier. Les phytothérapeutes font plutôt des prescriptions de produits préparés.

Qui peut prescrire des plantes médicinales ? Paradoxalement pas les naturopathes, malgré leurs connaissances potentielles. Ils ont le droit de conseiller des plantes, mais pas l'autorisation de les prescrire parce que les écoles de naturopathie ne sont pas encadrées. Les naturopathes sérieux et compétents se retrouvent donc décrédibilisés par des escrocs ou des inconscients qui portent la même étiquette qu'eux.

---

1. Voir les propos du phytothérapeute Jean-Michel Morel recueillis par Rachel Mulot dans *Sciences et Avenir* (hors-série n° 189, « La vie secrète des plantes », avril 2017).

2. *60 millions de consommateurs*, hors-série n° 191, « Se soigner sans ordonnance » (décembre 2017/janvier 2018) ; liste des herboristeries consultable sur viva-vous.net/services/herboristes.php ; pour ces plantes, voir https://fr.wikipedia.org/wiki/Liste_des_plantes_m %C3%A9dicinales_en_vente_libre_en_France

Seuls les médecins sont habilités à prescrire des plantes, mais en revanche, ils n'ont la connaissance suffisante que s'ils ont obtenu un diplôme universitaire leur permettant de se déclarer phytothérapeutes. La phytothérapie a été reconnue en France comme une médecine officielle en 1986. Cette compétence connaît une forte demande : depuis sa création en 2014 par le professeur à la faculté de pharmacie de Montpellier Yves Pelissier, le diplôme de phytothérapie destiné aux professionnels croule sous les demandes d'inscription[1]. En attendant que les voies officielles continuent de s'ouvrir, vous pouvez vous adresser à des naturopathes d'expérience pour vous conseiller.

Les produits à base de plantes étant difficilement brevetables, ceux-ci n'offrent pas de gros débouchés économiques et n'intéressent pas les multinationales. Peu d'études scientifiques sont donc réalisées à leur sujet. Une petite cinquantaine de ces produits bénéficient d'un consensus scientifique en Europe, et près de 150 réunissent un solide faisceau de présomptions quant à leur efficacité. En fait, lorsque des études sont menées, elles confirment l'efficacité des prescriptions thérapeutiques traditionnelles dans 75 % des cas. L'identification et la cueillette des simples sont d'ailleurs reconnues par l'Inventaire du patrimoine culturel immatériel en France. Les savoirs du passé ont encore de l'avenir !

Quelques plantes efficaces

Vous avez envie de vous soigner par les plantes, mais vous ne savez pas comment vous repérer dans la pléthore de propositions ? Quelques guides de référence de phytothérapie[2] peuvent vous aider à faire le tri. En attendant des études poussées sur

1. Rachel Mulot, « Les plantes qui soignent », *Sciences et Avenir*, n° 833, juillet 2016.

2. *Du bon usage des plantes qui soignent* de Jacques Fleureutin, *Traité pratique de phytothérapie* de Jean-Michel Morel, ou encore *La Phytothérapie. Se soigner par les plantes* de Jean Valnet. Ces références sont indiquées en fin d'ouvrage.

d'autres espèces, plusieurs dizaines de plantes médicinales ont déjà eu l'honneur d'une reconnaissance officielle de la science. Voici quelques plantes qui ont fait leurs preuves, avec leurs vertus

• Pour un sommeil de meilleure qualité, la valériane, ou « herbe à chats », est efficace, sans accoutumance, et sans effets secondaires du type réveil difficile par exemple. Elle se prend en extraits ou en tisane, parfois associée à d'autres plantes. Les chats, eux, la consomment crue...

• Pour calmer les palpitations cardiaques et atténuer le stress, donc favoriser le sommeil, une plante que l'on retrouve communément dans nos haies est préconisée : l'aubépine. Elle s'achète sous forme de plantes en vrac (pour infusions) ou en poudre (gélules).

• Contre l'anxiété, la passiflore est indiquée. Elle peut se boire en infusion avec de l'aubépine et de la mélisse.

• Dépuratif et détoxifiant, l'artichaut favorise la circulation de la bile, stimule le foie et la digestion et a un effet diurétique. On le prend en infusion ou en extraits liquides.

• Pour soulager les infections urinaires, notamment chez les femmes, le raisin d'ours, ou busserole, montre des propriétés antibactériennes intéressantes. Il peut se prendre en infusion, mais il faut éviter les aliments acides.

• Contre la constipation, plusieurs psylliums ont fait leurs preuves. Une bonne cuillerée à soupe de psyllium blond dans 25 cl d'eau froide deux fois par jour, à prendre à deux heures de distance de tout autre traitement.

• Contre les états inflammatoires, la racine de cucurma en poudre s'est fait une réputation internationale. Elle présente bien d'autres avantages, mais interagit avec les fluidifiants et certaines chimiothérapies. Comme elle reste peu longtemps dans l'organisme, elle doit être accompagnée d'un corps gras, comme l'huile d'olive, avec du poivre.

• Pour atténuer les douleurs articulaires, arthrose ou rhumatismes, la racine d'harpagophyton (*Harpagophytum*) a des effets bénéfiques visibles, y compris sur les animaux.

• Pour stimuler l'immunité, l'échinacée, c'est la panacée ! Il suffit par exemple de trois infusions pendant trois jours pour prévenir un rhume. Attention, son efficacité est suffisante pour justifier une contre-indication absolue pour toute maladie auto-immune.

• Pour se sentir bien moralement, le pois mascate (*Mucuna pruriens*) augmente la sécrétion de dopamine. Par conséquent, il rend heureux et booste la libido. Bonne pour le moral et le sommeil, *Griffonia simplicifolia* favorise quant à elle la sécrétion de sérotonine. L'association de rhodiole et de safran serait plus efficace que les antidépresseurs classiques d'après des tests réalisés en aveugle (excepté pour les dépressions majeures).

L'un des grands avantages des plantes est de présenter beaucoup moins d'effets secondaires que les médicaments allopathiques. Pour bénéficier au mieux de leur efficacité, préférez toujours les produits bio, évitez les achats sur Internet, qui proposent parfois des produits non contrôlés, sans garantie d'hygiène. N'utilisez pas les plantes pour soigner des enfants sans vous être renseigné.

La phytothérapie concerne surtout des désagréments passagers, parfois des maladies plus longues, mais il ne s'agit évidemment pas de remplacer le médecin. L'automédication doit rester limitée : l'ingestion d'une plante n'est pas anodine, car elle peut interagir avec d'autres traitements, comme c'est le cas avec le millepertuis. Si vous suivez un traitement phytothérapique, parlez-en à votre praticien. Enfin, veillez à respecter les dosages indiqués : même un excès de camomille peut provoquer des nausées et des vertiges. Donc, pas d'abus de tisane !

Les grands pouvoirs des petits bourgeons

Le bourgeon est à lui tout seul une plante entière en puissance. Il contient chacune de ses parties en réduction et toutes ses propriétés en condensé : c'est une sorte de petite boule d'huile essentielle. Au printemps, les cellules embryonnaires qui le composent sont en pleine multiplication. Le bourgeon possède une grande concentration de sève, d'hormones de croissance, de vitamines, d'oligoéléments ou de principes actifs. Il renferme toute l'énergie informative du végétal, son « totum ». Le principe du totum avance que l'ensemble de la plante est plus efficace que la somme de chacun des principes actifs qu'elle contient.

La gemmothérapie consiste à soigner avec des macérats de bourgeons, c'est-à-dire des macérations dans un mélange d'eau, d'alcool et de glycérine. D'abord appelée « phytembryothérapie », la gemmothérapie a été fondée par le docteur Pol Henry (1918-1988), lui-même influencé par les broyats cellulaires de Paul Niehans, et par l'ouvrage de Goethe *Essai sur la Métamorphose des plantes* (1790). Le pouvoir des bourgeons est connu depuis fort longtemps : au XIIe siècle déjà, sainte Hildegarde de Bingen (1098-1179) en avait prescrit. Aujourd'hui encore, la toute jeune gemmothérapie n'est pas une médecine officiellement reconnue, mais elle est en plein essor[1]. Elle est également efficace sur les animaux, ce qui montrerait qu'elle n'agit pas par un effet placebo. Ainsi le macérat de noyer donne-t-il de bons résultats contre les vers parasites des

1. Voir Dr Max Tétau et Dr Daniel Sciema, *Rajeunir nos tissus avec les bourgeons. Guide pratique de gemmothérapie familiale*, Guy Trédaniel Éditeur, 2011 ; Jean-Michel Morel, *Le Guide de la gemmothérapie*, First, 2012 ; Stéphane Boistard, *Gemmothérapie. Les bourgeons au service de la santé. Guide pratique et familial*, Le Terran, 2016.

chatons, idéal pour remplacer les vermifuges chimiques du commerce qui sont souvent trop forts.

Pour notre santé, l'un des macérats les plus réputés est celui des bourgeons de cassis, qui lutte contre la fatigue, soulage les articulations, combat les allergies et renforce les défenses immunitaires. Le bourgeon de genévrier, lui, draine le foie. Le framboisier calme les règles douloureuses et le pin sylvestre est un antistress. Comme pour les huiles essentielles, il est impératif d'utiliser des produits bio. Attention également à l'alcool contenu dans les préparations. Préférez les macérats glycérinés, bien plus doux pour le système digestif.

La santé par les algues

Traditionnelle en Orient, la consommation des algues se répand en Occident. On les divise selon leur couleur en brunes, vertes et rouges. Leur goût marin peut surprendre ceux qui n'en ont pas l'habitude, mais certaines ont des parfums de fleur très raffinés et peuvent inspirer une cuisine inventive. Elles présentent une forte valeur nutritionnelle sans fournir trop de calories, et elles sont riches en fibres.

Les algues sont également bénéfiques pour la santé. Elles contiennent de nombreux minéraux et vitamines, elles constituent de puissants antioxydants et agiraient même, pour certaines, sur des tumeurs cancéreuses[1]. La consommation régulière d'algues et d'autres produits de la mer aide à prévenir les maladies cardiovasculaires ou l'hypertension, comme l'a montré dès 1927 le professeur Shoji Kondo, de l'université de Tohoku au Japon[2].

Outre la laitue de mer, le varech, les laminaires, le wakame ou la nori (utilisée pour les makis) que l'on trouve dans le commerce,

1. Yamasaki-Miyamoto, Yamasaki, *et al.*, 2009.

2. Voir Ole G. Mouritsen, *Algues marines. Propriétés, usages, recettes*, Delachaux et Niestlé, 2015.

la plus connue des algues est sans doute la spiruline, car elle est utilisée pour lutter contre la malnutrition dans des pays pauvres[1]. Cette microalgue, probablement l'organisme actuel le plus vieux au monde avec ses trois milliards d'années d'existence, est un efficace booster d'énergie. Une poignée de spiruline contient autant de protéines que 35 grammes de bœuf, autant de calcium que trois verres de lait, autant de fer que trois bols d'épinards, et autant de bêtacarotène que 18 carottes[2] ! Si vous n'aimez pas son goût, vous pouvez la prendre en comprimés, tout aussi efficaces et dénués de saveur.

1. *QOA – Quand on aime*, n° 9, « Les algues ont-elles des super-pouvoirs ? », automne 2017.

2. Sources : études de l'Anses et Self Nutrition Data, citées dans *QOA*, n° 9, automne 2017.

Prenez un bain de foin

« Voyez la plante, sa forme exprime les souvenirs vivants de toute l'évolution. »

Rudolph Steiner,
L'Homme dans ses rapports avec les animaux et les esprits des éléments.

Dans le Tyrol, une région des Alpes autrichiennes, des hôtels proposent des bains de foin, appelés *Alpenbald* ou *Heubad*. La tradition en remonte à près de deux siècles : après une harassante journée de fenaison, les paysans dormaient dans le foin encore tiède et se réveillaient revigorés. Dès 1890, les faucheurs de foin aménageaient de tels bains dans les granges. Le développement de cette pratique a fait venir des touristes, et les hôtels ont profité de l'engouement. Des études scientifiques montrent que ces bains de foin soulageraient l'arthrose et les rhumatismes, les nerfs douloureux, le lumbago, qu'ils stimulent la circulation sanguine et sont bons pour la peau. Le foin renferme des vitamines et de la coumarine, substance vanillée très utilisée en parfumerie, qui aide au drainage lymphatique et sanguin. Il est mélangé à des plantes sauvages aux diverses vertus médicinales, comme la gentiane, la potentille ou l'arnica. Leurs huiles essentielles sont libérées par la chaleur et la vapeur du bain, car aujourd'hui une méthode consiste à mêler le foin à une véritable immersion dans l'eau chaude. Les bienfaits des substances agissent à la fois directement par la respiration et par le contact avec la peau ; après quinze minutes de bain, elles pénètrent dans la circulation sanguine via l'épiderme.

Faute d'aller dans les Alpes pour faire l'expérience de ces bains particuliers, vous pouvez vous procurer des « kits maison » à base de fleurs de foin à faire infuser dans votre baignoire, comme un sachet de thé. Une fois dans le bain, vous pouvez aussi vous passer le sachet sur le corps pour un bien-être décuplé !

Les huiles essentielles, des pouvoirs avérés

Si le bain de foin a une efficacité, c'est en grande partie dû aux huiles essentielles des plantes alpestres. L'utilisation des huiles essentielles s'appelle l'aromathérapie. Elle n'entraîne pas d'accoutumance, et elle présente beaucoup moins d'effets secondaires que la prise de médicaments allopathiques. Les huiles essentielles ne les remplacent pas non plus, elles agissent différemment, en traitant les causes du mal et non ses symptômes. L'aromathérapeute soigne l'individu malade dans son ensemble sans se focaliser uniquement sur sa maladie ; les traitements sont donc très personnalisés. L'aromathérapie sert beaucoup plus à la prévention et permet par exemple au corps de restaurer son équilibre et de mieux se défendre contre les agressions. Allez à l'essentiel !

Des expériences dans des cabinets dentaires ou en hôpital avec des patients devant se faire opérer montrent qu'ils sont moins angoissés si l'on diffuse des huiles essentielles de lavande[1]. Plus globalement, la diffusion de parfums en secteur hospitalier permet à tous, usagers et soignants, d'être plus calmes. Désormais, des hôpitaux toujours plus nombreux y ont recours pour divers

1. Braden, Reichow et Halm, 2009.

usages, en salle d'attente comme en salle de soins, dans des services d'oncologie, de pneumologie et bien d'autres.

Des recherches sur les effets de ces substances sont en cours, et des questions se posent encore sur la manière dont elles agissent, ou sur les dosages à prescrire. Les effets de faibles doses d'huile essentielle de clou de girofle contre les infections bactériennes, par exemple, ont été cliniquement observés[1]. L'aromathérapie est donc une pratique jeune dont nous avons encore beaucoup à apprendre, mais qui a certainement un bel avenir devant elle.

L'utilisation massive et souvent inutile des antibiotiques, notamment dans les élevages industriels, a amené certaines bactéries à leur résister[2]. Ces cas de biorésistance à plusieurs antibiotiques, voire à tous, suivent une inquiétante expansion dans le monde et font des milliers de morts chaque année. Des alternatives sont nécessaires. En 2014, un pharmacologue marocain, Adnane Remmal, s'est fait remarquer en guérissant des malades infectés par des germes multirésistants. Son médicament, un mélange d'antibiotiques et de carvacrol, un composé de l'huile essentielle de thym ou de marjolaine, est venu à bout de leur infection urinaire. Lorsque les antibiotiques se révèlent inopérants, comme pour certaines maladies nosocomiales, il est intéressant d'avoir recours à un aromatogramme. Celui-ci déterminera quelles huiles essentielles sont susceptibles de combattre l'agent pathogène. Mais le procédé est encore peu répandu, cher et non remboursé.

---

1. Adeline Gadenne, « Christine Cieur : "L'aromathérapie est une médecine du futur" », *Plantes & santé*, n° 180, juin 2017.

2. D'après l'OMS, plus de la moitié des antibiotiques sont destinés aux animaux ! Dans beaucoup trop d'élevages, ils sont utilisés « par précaution », ce qui est dangereux pour les animaux eux-mêmes, pour les consommateurs et plus généralement pour la santé humaine, car ils favorisent l'apparition de souches résistantes à tous les antibiotiques et interdisent la guérison de certaines maladies graves.

Comment utiliser les huiles essentielles ?

Sans entrer dans des prescriptions de spécialistes, voici quelques usages accessibles d'huiles essentielles.

• Une goutte d'huile essentielle de menthe poivrée sur chaque lobe d'oreille aide à soulager les migraines d'origine congestive ou le mal des transports.

• Quelques gouttes de ravintsara à l'intérieur des poignets (il faut frotter puis humer) peuvent aider à lutter contre la grippe. C'est un anti-infectieux ORL et broncho-pulmonaire.

• Antihistaminique naturel, l'estragon lutte contre les allergies. Disposer quelques gouttes sur les poignets.

• La gaulthérie soulage les tendinites, les douleurs musculaires et l'arthrose. En massage, diluer quelques gouttes de gaulthérie dans de l'huile de macadamia. Très efficaces : l'arnica ou le millepertuis. Les macérats d'huiles végétales sont des trésors car ils démultiplient leurs effets bénéfiques. Attention cependant au millepertuis qui interagit avec d'autres médicaments et multiplie leurs effets (antidépresseurs, contraceptifs, anticoagulants, chimiothérapie). Il se révèle dangereux pour les cardiaques sous traitement.

• La citronnelle et le géranium éloignent la plupart des moustiques, la lavande aspic soulage les piqûres d'insectes.

• La lavande et l'orange ont des effets calmants, le romarin renforce la mémoire...

Mais attention, qui dit « naturel » ne dit pas « sans danger » ! Les huiles essentielles sont des liquides très concentrés et puissants, à manier avec précaution. Il ne faut jamais les chauffer. Certaines peuvent brûler la peau et les muqueuses et sont trop fortes pour le tube digestif : avant de les ingérer, préférez avoir l'avis d'un phythothérapeute. Il convient de diluer fortement les huiles agressives pour l'épiderme en cas de doute : on ne diminue pas leur efficacité en adjoignant une huile végétale neutre. L'application d'aromatique sur la peau est étonnamment efficace : une goutte d'eucalyptus sous les pieds, et l'on a une haleine du même parfum ! Enfin, certaines huiles essentielles ne doivent pas être vaporisées, comme celles qui sont riches en phénols.

Attention encore si vous êtes sujet à des crises d'asthme, d'épilepsie ou à des allergies : il faut savoir utiliser ces substances, donc éviter des automédications aventureuses, notamment pour les femmes enceintes, les personnes âgées et les jeunes de moins de 12 ans (à partir de 3 ans, il faut tenir compte du poids de l'enfant et c'est une affaire de professionnel). Les essences de lavande et d'arbre à thé sont suspectées d'agir comme des perturbateurs endocriniens, et sont déconseillées aux enfants et aux adolescents. Cependant, si elles sont prescrites à bon escient, c'est-à-dire avec l'aide de phytothérapeutes ou d'aromathérapeutes expérimentés, les huiles essentielles sont remarquablement efficaces dans bien des domaines.

Si vous désirez utiliser des huiles essentielles, préférez les produits bio, 100 % purs et HEBBD (biochimiquement et botaniquement définies) afin d'éviter les substances indésirables, et lisez bien les notices. Pour plus de sécurité, vous pouvez acheter des mélanges préparés pour divers usages. Et jamais de commande sur Internet.

Une certaine mode propose des extraits de plantes exotiques très chers, mais vous trouverez en principe près de chez vous tout ce qui peut soigner. Selon vos goûts et vos besoins (concentration au travail, calme, etc.), vous pouvez donc diffuser des parfums d'ambiance agréables et bénéfiques, à condition que ça ne soit pas en continu. Pour assainir une maison ou un bureau, il existe des sprays de mélanges purifiants, à tester à petites doses au début pour détecter une éventuelle allergie.

Fleurs de rosée

Parmi les thérapies à base de plantes, on trouve les fleurs de Bach (le docteur, pas le musicien), utilisées uniquement en ingestion. Leur efficacité n'a pas été prouvée scientifiquement car les études manquent, et leur utilisation est récente. En effet, c'est dans les années 1930 que le docteur Edward Bach, bactériologiste et chirurgien, ressent intuitivement le pouvoir des plantes sur son état émotionnel et imagine que ce pouvoir pourrait être concentré dans la rosée et accru par la lumière solaire. Après des tests sur des milliers d'espèces végétales, il sélectionne 38 préparations florales, appelées désormais fleurs de Bach, qui correspondent à 7 groupes d'émotions (peur, découragement, incertitude, etc.). Il existe une autre préparation, appelée « Rescue », mélange de 5 fleurs destiné à traiter les états de confusion mentale, notamment après un choc. Contrairement aux huiles essentielles, ces élixirs ne comportent pas de molécule chimique, mais « l'empreinte vibratoire[1] » de la plante transmise dans l'eau. Les fleurs de Bach sont donc plus proches des granules homéopathiques que des huiles essentielles ou des infusions. Il n'existe pas de contre-indication aux fleurs de Bach, qui peuvent accompagner tous les traitements[2].

---

1. Claire Eggermont, « Un élixir pour vos émotions », *Inexploré*, hors-série n° 6, « Guérir, trouver sa voie ».

2. Voir par exemple Monique Henry, *Les Fleurs de Bach pour vos enfants*, Dangles, 2017.

Effets placebo et nocebo

Certains médecins pensent que l'homéopathie n'a aucun effet, sinon placebo - qui ne fait pas appel à des molécules actives pour soigner. Par exemple, on se sent parfois mieux juste après l'obtention d'un simple rendez-vous chez son médecin, alors qu'on se pensait très malade auparavant. C'est le pouvoir du mental sur l'organisme qui peut expliquer l'effet placebo.

On parle d'effet placebo lorsque quelqu'un guérit alors que le produit qu'on lui a administré n'a aucun principe actif contre son mal, comme de l'eau sucrée par exemple. La personne guérira d'autant mieux que son médecin la mettra en garde de ne pas dépasser les doses ! Les détracteurs de l'homéopathie, et de bien d'autres pratiques thérapeutiques non officielles, n'y voient qu'un effet placebo, avançant qu'il n'existe pas de preuves irréfutables d'une efficacité réelle. Mais ils n'apportent pas non plus la preuve irréfutable du contraire : le débat trouvera difficilement un point final.

L'effet placebo agirait également sur les animaux, mais à ma connaissance, il n'existe pas d'étude spécifique les concernant[1]. On sait cependant qu'un animal qui a confiance dans les humains qui le soignent est en de bonnes dispositions pour se sentir mieux. L'effet placebo agirait de la même manière chez le bébé et fonctionne particulièrement bien avec l'enfant : c'est le principe du fameux « baiser magique » sur le bobo. Le plus étonnant, c'est que le placebo peut même améliorer l'état d'une personne parfaitement informée qu'on ne lui administre rien d'efficace[2] !

L'effet nocebo est la face négative du placebo : on peut aussi se sentir moins bien après avoir pris une substance qui ne contient pourtant aucun principe néfaste. La puissance de l'esprit sur le corps, une fois de plus...

---

1. Conférence de Tony Buffington, enseignant à l'Ohio State University, relatée dans le numéro 1605 de *La Semaine vétérinaire* (14 novembre 2014).
2. Locher *et al.*, 2017.

Jetez-vous à l'eau

> « Nous possédons une mémoire bien réelle dans notre subconscient et qui comporte notamment des réflexes d'immersion enfouis en nous depuis le début des âges et qui, avec le temps, se sont atrophiés ou engourdis. Seule l'apnée profonde est capable de réveiller en nous un certain nombre de ces réflexes ataviques. »
>
> Jacques Mayol, pionnier de la plongée sans bouteilles, ou plongée libre[1].

La Terre est recouverte à 70 % de mers et d'océans. C'est dans cette immensité liquide que la vie est née, que les animaux dont nous descendons ont vécu. Au cours de son développement, l'embryon humain possède des fentes branchiales et une queue, souvenirs d'un lointain ancêtre commun avec les poissons. Nous descendons de vertébrés aquatiques sortis des eaux voici plus de 370 millions d'années, qui semblent avoir laissé en nous quelques traces persistantes.

Bien qu'il ne soit plus utilisé habituellement, nous posséderions encore un dispositif d'adaptation à la plongée en eaux profondes appelé *blood shift*, ou « transfert sanguin ». Cette potentialité physiologique est exploitée par les apnéistes et leur permet des performances époustouflantes, telles que nager pendant 300 mètres sans

1. Cité dans *Jacques Mayol, l'homme dauphin*, Pierre Mayol et Patrick Mouton.

reprendre leur souffle. D'autre part, sans bouger, un champion d'apnée peut arrêter de respirer pendant plus de 10 minutes.

Depuis le pionnier Jacques Mayol, qui a atteint le premier la profondeur de 100 mètres en apnée, cette discipline nous ouvre des portes entièrement nouvelles. Pour Arthur Guérin-Boëri, qui le premier a parcouru 300 mètres en apnée avec une monopalme, la plongée libre est un « sport-philosophie » qui s'apparente aux enseignements de la sagesse orientale, tels que le yoga, le taï-chi-chuan et la méditation[1]. Les bienfaits de l'apnée et du yoga sont proches, car les plongeurs doivent savoir faire baisser leur rythme cardiaque. Sans pour autant nous confronter à ce sport difficile qu'est la plongée libre en eaux profondes, nous pouvons néanmoins éprouver à quel point l'eau fait partie de nous, et en tirer les bienfaits.

À L'ORIGINE, L'EAU

L'eau, c'est l'élément à l'origine de la vie sur Terre, l'élément originel de notre vie d'embryon, c'est aussi le bonheur originel des jeux de l'enfance.

Dans plusieurs régions du monde, la nature nous offre des eaux thermales pleines de vertus, dont certaines sont chaudes. Les Islandais, les Turcs ou les Japonais bénéficient de ces opportunités d'hydrothérapie. En 1980, dans les eaux chauffées à 35 °C de Harbin, en Californie, est né le watsu, contraction de *water* (« eau ») et de « shiatsu ». Cette discipline de rééducation physique lie les bienfaits des mouvements du corps et de l'eau chaude. C'est une thérapie nouvelle, mais elle est déjà pratiquée dans plus de 27 pays.

L'eau est un élément naturel fondamental, dont vous pouvez apprécier les bénéfices dans de nombreux endroits. Dans des lacs ou des rivières, dans la mer (voir le chapitre « Nagez avec

1. Arthur Guérin-Boëri, *Le Bien-être sous l'eau*, *op. cit.*

les poissons », pages 123-127) ou chez vous. Testez par exemple ce geste simple : plongez juste la tête dans l'eau fraîche. Cet exercice vous aidera à mieux respirer ! En effet, au contact de l'élément liquide, des cellules autour de la bouche, des yeux et dans le nez réveillent une vieille adaptation à l'immersion. Elles font ralentir le cœur et contracter les vaisseaux périphériques des membres, ce qui privilégie l'oxygénation du cœur, des poumons et du cerveau. Vous avez ainsi stimulé l'adaptation à la vie aquatique que nous avons encore toutes et tous en nous.

LAVEZ-VOUS DE VOS SOUCIS

Nous l'avons tous expérimenté : une petite douche transforme notre humeur pour la journée ou nous détend pour la nuit. Faites plus encore. Sous le jet, imaginez que les gouttes qui coulent depuis votre tête jusqu'au sol sont votre lassitude ou vos soucis. Suivez leur trajet jusqu'à leur disparition. Vos problèmes se sont dissous dans l'eau, écoulés et évaporés. Lavez-vous de vos soucis !

Pour ceux qui méditent, le même exercice est possible... sans eau. Au cours de votre méditation, imaginez juste que vous êtes sous une douce cascade, et que vos soucis glissent, glissent, glissent et s'échappent...

Homo delphinus ?

Notre lointain passé aquatique a laissé des traces en nous. Pendant l'accouchement, le bébé humain sécrète des hormones, les catécholamines (adrénaline et noradrénaline), qui diminuent son rythme cardiaque après un court passage d'accélération. Ce réflexe de résistance au manque d'oxygène est comparable à celui des dauphins lorsqu'ils plongent ! Cependant, l'expression *Homo delphinus*, titre d'un livre de Jacques Mayol[1], est trompeuse :

1. Jacques Mayol, *Homo delphinus*, Glénat, 1983.

nous ne descendons pas des dauphins. En revanche, nous avons un ancêtre commun très ancien, sorti de l'eau il y a 370 millions d'années, nos lignées s'étant séparées bien plus tard. Comme le nôtre, l'ancêtre des cétacés est passé par une phase terrestre, mais lui est retourné à l'eau.
Cependant, certains peuples humains asiatiques pourraient recevoir le qualificatif d'*Homo delphinus* : les Bajau et les Moken. Ces nomades de la mer passent énormément de temps à plonger pour pêcher[1]. On a constaté que les enfants Moken sont étrangement adaptés à la vision sous-marine : leurs pupilles se rétrécissent au minimum possible pour un humain et leur cristallin change de forme, ce qui leur permet de voir sous l'eau deux fois mieux que nous. Cette capacité est similaire à celle des phoques et des dauphins ! La scientifique Anna Gislén a tenté l'expérience avec des enfants européens, et après un entraînement, ils ont fini par montrer la même aptitude. Les adultes n'ont plus cette souplesse oculaire, y compris chez les Moken. Plus étonnant encore : certains Bajau sont capables de rester en apnée près de 13 minutes, ce qui est comparable aux loutres, et de descendre à plus de 60 mètres de profondeur ! La chercheuse Melissa Ilardo a montré que leur rate était beaucoup plus développée que celle des autres humains, et que cette particularité était inscrite dans leur patrimoine génétique[2]. En se contractant, la rate libère une quantité accrue d'oxygène dans le sang lorsqu'on retient son souffle, l'organe est donc très utile pour supporter de longues apnées. Les mammifères marins ont d'ailleurs une rate volumineuse.

1. Hélas, depuis le tsunami de 2004 les Moken se sédentarisent, et cette vie originale tend à disparaître. De même pour les Bajau en Indonésie, considérés comme des marginaux, et menacés par la pêche industrielle.

2. Melissa Ilardo *et al.*, « Physiological and genetic adaptations to diving in sea nomads », *Cell*, vol. 173, n° 3, avril 2018, pp. 569-580.

Froide ou chaude, l'eau soigne

L'eau possède de nombreuses vertus exploitées en hydrothérapie, en ingestion, en massage ou en immersion. S'il n'est ni trop long ni brûlant, un bain chaud détend vos muscles, soulage vos articulations, calme votre système nerveux et vous conduit doucement à la somnolence.

L'eau froide est plus vivifiante. Pour compenser le microchoc thermique de l'immersion, votre corps réagit en essayant de maintenir la température et tonifie le cœur. Paradoxalement, ce coup de fouet réchauffe. Les personnes qui prennent un bain de mer tous les jours, quelles que soient les conditions météo, affichent une étonnante santé de fer : l'eau froide est un vrai bain de jouvence. Dans les pays nordiques, on casse la glace pour faire trempette, mais le contact est nettement plus violent : attention, évidemment, à ne pas vous infliger de chocs thermiques néfastes.

Buvez, détoxiquez !

De nombreux Japonais se font des cures en buvant de l'eau à jeun le matin. C'est une discipline, car en principe, il faut d'abord avaler quatre verres, puis ne rien ingurgiter pendant 45 minutes. Ce « lavage d'estomac » naturel protégerait de désagréments aussi divers que l'hypertension, la constipation ou les courbatures. Ce qui est sûr, c'est que l'eau permet d'éliminer les toxines. Avec un seul effet secondaire : des mictions fréquentes... En revanche, sachez que l'eau froide pendant les repas solidifie les graisses et ralentit la digestion. Il vaut mieux donc vous cantonner à des boissons chaudes, ou vous désaltérer à d'autres moments.

Un verre d'eau chaude le matin à jeun présente également des vertus. Grâce à la chaleur, l'eau dissout les impuretés et les corps gras, les élimine mieux et évite leur dépôt, ce qui améliore la circulation sanguine. En ayurvéda, une médecine traditionnelle orientale, l'eau chaude entretient le « feu digestif » : bue à petites gorgées tout au long de la journée, elle aide à l'élimination des résidus digestifs toxiques. Il est préférable de faire bouillir l'eau, puis d'attendre qu'elle refroidisse suffisamment. Vous pouvez la parfumer avec du citron ou une rondelle de gingembre, ce qui accentuerait le pouvoir nettoyant.

Pour vider sa vésicule et évacuer la bile, la recette est simple : il suffit de boire un verre d'eau glacée. Excellent contre les crises de foie ! L'effet indésirable en est une accélération du transit, mais celle-ci est passagère, juste le temps d'évacuer toutes les toxines hépatobiliaires.

Menez-vous en bateau

Si les gondoles de Venise ou les bateaux-mouches de Paris semblent si romantiques et ont tant de succès, c'est entre autres à cause du bercement des flots et de la vision apaisante du milieu aquatique. Au cours de vos vacances, ou si vous habitez près de l'eau, osez le bateau. Sur une barque à rames au milieu d'un lac urbain, voire un pédalo, au cours d'une promenade en mer ou sur un canal, vous vivrez toujours un ralentissement de votre rythme comparable à celui de la marche à pied. Vous prendrez le temps d'apprécier le paysage, d'observer les oiseaux, de respirer l'air ambiant, de lâcher prise et de vous ressourcer.

Et les bains de sable ?

Moins connus en France que les bains de boue, les bains de sable, ou arénothérapie, traitent les problèmes articulaires, la polyarthrite, les douleurs musculaires ou encore les maladies de la peau. Ils peuvent se pratiquer en thalassothérapie avec du sable nettoyé et chauffé, ou tout simplement sur le littoral. Le seul fait de marcher pieds nus (voir le chapitre « Promenez-vous pieds nus » pages 33-37) sur le sable stimule de nombreuses sensations. Les éléments marins qu'il contient, comme les résidus d'algues, contribuent à ses effets. Cependant, un bon bain de sable chaud dans le désert peut être également pratiqué, avec toutes les précautions qui s'imposent dans ce milieu rude. Le désert est à la fois un sauna naturel et un lieu de méditation. Faute de se payer le voyage, on peut toujours s'offrir la plage...

Nagez avec les poissons

> « Il faut toujours regarder la mer. C'est un miroir qui ne sait pas nous mentir. C'est aussi comme ça que j'ai appris à ne plus regarder derrière moi. Avant, dès que je jetais un coup d'œil par-dessus mon épaule, je retrouvais intacts mes chagrins et mes revenants. [...] Qui regarde la mer tourne le dos aux infortunes du monde. »
>
> Yasmina Khadra, *L'Attentat*.

Nous venons de la mer, nous avons la mer en nous. À notre naissance, nous sommes composés à 75 % d'eau. Adultes nous en contenons plus de 60 % (ce qui dépasse 40 litres pour une personne de 70 kilos !), puis 55 % sur nos vieux jours, car notre enveloppe se dessèche peu à peu. Notre cerveau, objet de toutes nos fiertés, est quant à lui composé à 80 % d'eau. Une diminution de seulement 1 % de notre volume hydrique cérébral nous ralentirait au point de nous rendre quasi stupides ! La moindre goutte compte... Nous sommes encore pétris de l'océan de nos origines, que nous transportons toujours en nous comme une mer intérieure. Notre plasma sanguin est étrangement similaire à l'eau des océans : nous avons toujours la mer dans le sang. Pour ouvrir les yeux sur le monde nous devons les humidifier, car ils sont, eux aussi, toujours tributaires de nos origines. Alors nous fabriquons des larmes salées, qui coulent encore en nous comme les souvenirs de notre mer perdue.

Avec vue sur la mer

Le mouvement régulier des vagues sur la plage en fait une cible mouvante propre à la méditation. Des tests scientifiques montrent que la simple vision des flots bleus est bénéfique à notre psychisme[1]. Grâce à l'imagerie par résonance magnétique fonctionnelle (IRMf), des chercheurs ont vu s'activer des zones cérébrales liées à l'attachement chez des personnes à qui l'on montrait des photos d'océan. Jamais en manque de bonnes idées, des scientifiques ont plongé la main d'adultes consentants longtemps dans de l'eau glacée. Ils ont noté que les malheureux résistaient mieux à la douleur en présence d'images marines. Mieux : le souvenir de ces images, visionnées seulement avant le test, suffisait également à atténuer leurs tourments. Dans un hôpital ou chez le dentiste, des posters montrant la mer permettraient donc de mieux supporter l'angoisse et la douleur, et de laisser un meilleur souvenir.

Les études sur les bienfaits de la nature se suivent et se ressemblent tellement que ça en deviendrait lassant si elles n'étaient pas porteuses de bonnes nouvelles. En Nouvelle-Zélande, l'une d'elles a montré un niveau de stress psychologique moindre et une meilleure santé mentale chez les habitants d'une maison donnant sur la mer. Diverses publications mettent en évidence les bienfaits d'un environnement comportant du bleu, même si la vision se fait depuis un logement urbain, comme une ville littorale[2].

Les impacts bénéfiques de l'océan entraînent un effet pervers commercial : les chambres avec vue sur la mer sont plus chères. Un adage rappelle que plus on se rapproche de la mer, et plus les notes des hôtels sont salées !

1. White *et al.*, 2010.
2. Voir www.surf-therapie.fr

Des vagues de bien-être

Le simple fait de se plonger dans l'eau procure un effet psychologique de régression, car nous nous retrouvons dans un milieu proche du liquide amniotique. Nous revenons à la douceur des origines. L'immersion modifie aussi notre état physiologique : l'eau caresse la peau et procure des sensations uniques, nous donnant une impression de facilité. Une fois immergé, le corps est en apesanteur avec une flottabilité de 80 %, les muscles sont relâchés et les mouvements plus aisés. La natation n'a pas d'impact négatif sur le dos et sur les articulations, on peut donc la pratiquer à tous les âges. Elle oblige à maîtriser son souffle et développe la respiration, le rythme cardiaque et la circulation sanguine. L'eau facilite le travail de l'intestin et offre un nettoyage général de la machine organique : se baigner, ce n'est pas seulement un bon moment des vacances, c'est une provision de bienfaits. L'eau de mer stimule le système immunitaire, apaise les tensions nerveuses, améliore les douleurs arthrosiques, augmente la tonicité de la peau, nettoie le nez et prévient les sinusites, les rhinites et les conjonctivites, et en fin de compte augmente l'espérance de vie.

Nager et plonger sans bouteilles, avec un masque, un tuba et des palmes, s'appelle le snorkeling. C'est un merveilleux moyen de découvrir le grand bleu en direct, tranquillement, à votre rythme et à celui des poissons : vous pouvez vous permettre des pauses. Immobile, flottant à la surface, comme délivré des pesanteurs du quotidien, vous laisserez ainsi venir à vous les animaux marins et pourrez les observer de près, découvrir un monde qui d'habitude nous échappe, réapprivoiser un milieu dont nous avons été coupés. Le snorkeling ne demande pas de maîtrise particulière et peut être pratiqué par toutes et tous. Il allie la natation à l'observation de la vie sauvage, il oblige à ralentir le rythme habituel et se révèle particulièrement apaisant.

Vous avez bu la tasse ? Vous éviterez des carences ! En effet, une simple gorgée salée contient une bonne soixantaine d'oligoéléments, tels l'iode, le sélénium, le cobalt, le zinc ou le phosphore, et des minéraux comme le magnésium, le calcium, le sodium et bien d'autres, qui sont de moins en moins présents dans nos aliments industrialisés[1]. L'eau de mer de nos baignades étant trop polluée et salée pour en faire des cures et les quantités d'éléments trop infimes, vous avez à votre disposition dans le commerce des ampoules de « plasma marin » purifié de ses bactéries, adaptées à la consommation. Pour les sportifs, l'eau de mer permet de prévenir les crampes, notamment grâce au potassium qu'elle contient. Contre les coups de fatigue, elle n'aura pas les effets indésirables des vitamines de synthèse ou des très suspectes « boissons énergisantes ».

LES IONS NÉGATIFS, SUPER POSITIFS ?

Si les vagues ou la pluie nous font du bien, c'est sans doute parce que l'eau libère des ions négatifs en s'éclatant au sol. Que sont les ions ? Des atomes ou des groupes d'atomes qui ont gagné ou perdu un électron, et qui sont donc chargés électriquement, négativement ou positivement. Leurs effets sur la santé humaine sont incontestables pour certains, mais encore contestés par d'autres, car on ne sait pas vraiment comment ils agissent[2]. Les ions s'infusent en nous par les voies respiratoires et favoriseraient les échanges cellulaires ou la sécrétion de neurotransmetteurs.

1. Voir Lynne Farrow, *La Crise de l'iode. L'impact sur notre santé. Tous carencés ?*, Dangles, 2017.

2. Notre corps est électrique et les ions, par leur charge négative, permettent les activités électriques de nos organes (cerveau, nerfs, cœur, etc.). Ils ont donc bien une action sur celui-ci. D'ailleurs, une trop grande charge ionique, par des rayons ionisants, est mortelle car elle déclenche un processus d'autodestruction. C'est le problème des astronautes dans l'espace, qui en reçoivent des quantités astronomiques, justement...

Des études montrent les bienfaits des atmosphères chargées en ions négatifs, et des tests en laboratoire confirment qu'un air chargé négativement modifie nos taux de sérotonine, ce neurotransmetteur qui influence notre état émotionnel et notre humeur (voir l'encadré « Petit guide de nos drogues naturelles » page 41)[1]. L'expérience de chacun d'entre nous va dans le même sens : avant un orage (chargé en ions positifs), il y a « de l'électricité dans l'air » : les enfants, les adultes et les animaux se montrent nerveux ; mais une fois que le tonnerre a éclaté et libéré des ions négatifs, tous se sentent soulagés et de meilleure humeur.

Les ions négatifs sont beaucoup plus présents dans la nature qu'en zone urbaine. On en compte environ 15 au centimètre cube d'air dans une voiture, 50 dans une ville polluée, 1 200 à la campagne, 12 000 en montagne, 50 000 au pied d'une chute d'eau et 80 000 près des vagues en bord de mer !

La pluie, les cascades ou les vagues libèrent une bonne quantité d'ions négatifs, et elles semblent bien nous envelopper d'une sérénité très particulière. S'installer près d'une cascade pour méditer nous place dans une ambiance propice à la relaxation. Marcher sous la pluie procure de douces impressions. Après la pluie, marchez pieds nus sur de l'herbe ou du sable mouillé : vous vous rechargerez en ions négatifs et en sensations agréables ! Par la promenade le long des plages, la contemplation du paysage, l'air iodé, ionisé et purifié ou le contact de l'eau, tous vos sens seront stimulés en bord de mer, ce qui aura des impacts positifs sur votre santé et sur votre moral.

1. Suni, Kulmala, Hirsikko, 2008 ; Pino et La Ragione, 2013.

Prenez le soleil

« Le soleil, l'or des pauvres. »

Natalie Clifford Barney.

Nous baignons dans la lumière comme les poissons baignent dans l'eau, sans en avoir conscience. Nous en sommes le reflet : la couleur de notre peau résulte de la sélection naturelle, qui l'a accordée au niveau d'ensoleillement des lieux où ont vécu nos ancêtres. Nous sommes réglés sur les changements de lumière depuis des générations, entre le jour et la nuit, et au fil des saisons. Notre état d'esprit aussi. Le soleil nous rend de bonne humeur, et incite même à la générosité. Une étude menée sur plusieurs millions de trajets de taxis new-yorkais a montré que les pourboires étaient plus élevés sous un ciel radieux. D'ailleurs, nous parlons bien de « beaux » jours, et disons qu'il fait « beau » lorsque le soleil se montre. Beau temps, bonne humeur !

Cependant, pour beaucoup le soleil est devenu synonyme de cancers de la peau, tant les médias nous ont prévenus, avec raison, des risques dus à ses rayons nocifs. Mais ces aspects négatifs ne doivent pas occulter tous les bienfaits de l'astre solaire pour les animaux diurnes que nous sommes : le soleil est un véritable allié de santé. Une étude a même montré que les femmes qui se protègent trop du soleil connaissent un taux de mortalité deux fois supérieur, toutes causes confondues, à celles qui s'exposent[1] !

Même s'il n'est pas le seul, le plus connu des effets bénéfiques du soleil est l'indispensable apport de vitamine D, stimulante pour les défenses immunitaires et intervenant dans la minéralisation osseuse. La vitamine D évite au squelette de libérer son calcium, ce qui freine l'ostéoporose, elle est très importante aussi dans la diminution des facteurs de risques cardio-vasculaires. Les carences en vitamine D sont fréquentes chez de nombreuses personnes, notamment en hiver[2], ainsi que chez celles qui ont une peau noire ou foncée adaptée aux régions ensoleillées, lorsqu'elles vivent dans un pays plus nordique.

On constate que les maladies cardio-vasculaires, auto-immunes ou certains cancers varient en fonction de la latitude des pays où vivent les personnes étudiées, donc de la quantité de rayonnements solaires qu'elles reçoivent : ces maladies sont moins fréquentes dans la zone méditerranéenne. Dans les régions peu ensoleillées en revanche, et particulièrement l'hiver, les cas d'hypertension artérielle augmentent, et avec eux les risques d'AVC et autres troubles cardiaques. La lumière solaire fait abaisser la tension artérielle et contribue à diminuer ces risques.

Le soleil nous apporte de la sérotonine, cette hormone qui nous donne une joyeuse humeur. Il est également bon pour la libido : les rayonnements solaires stimulent la production d'endorphines, ces hormones qui relaxent, apaisent les douleurs, augmentent l'appétit sexuel et encore la bonne humeur. Avec un petit souci : les endorphines (ou morphines endogènes), connectées aux récepteurs opiacés de notre cerveau, peuvent conduire à l'addiction. Un bain de soleil vous rend euphorique ? Vous glissez vers l'overdose, revenez un moment à l'ombre !

---

1. Lindqvist *et al.*, 2014.

2. Le régime alimentaire intervient aussi : les végétaliens doivent prendre régulièrement des compléments alimentaires. Cela a pour conséquence qu'ils sont parfois moins carencés que la moyenne de la population, car ils sont plus sensibilisés au problème.

Bon soleil, bonne santé !

Avec l'héliothérapie, ou thérapie par le soleil, offrez-vous du grandiose. Le lever et le coucher du roi soleil sont des spectacles esthétiques olympiens, dignes des plus beaux chefs-d'œuvre des génies de la peinture. L'hiver, où les jours sont courts, nous assistons facilement à la féerie du lever du soleil. L'été, l'événement mérite qu'on se lève plus tôt pour le « show » solaire, car les couleurs, différentes de celles du crépuscule, sont généralement plus rosées ou pastel. Prévoyez d'arriver avant la séance, et installez-vous dans un endroit dominant et dégagé. À chaque minute, les couleurs changent et se mélangent, subtiles et mouvantes. La nature nous offre carrément un spectacle son et lumière, car les oiseaux diurnes se mettent à chanter les uns après les autres. Grandiose. Si l'endroit est vraiment sauvage, il vous donnera une impression paradisiaque de premier matin du monde. On entendrait presque Stravinsky fêtant le sacre du printemps...

Le coucher du soleil est souvent plus démonstratif, plus wagnérien. Des rouges terribles, des jaunes éclatants et des nuages noirs, des contrastes somptueux déroulent leur fougue lyrique devant vos yeux. Le spectacle est mouvant mais l'esthétique constante, sans jamais une erreur dans les harmonies : la nature ne commet pas de fausses notes visuelles. On comprend pourquoi, partout dans le monde, tant de cartes postales montrent des couchers de soleil : ça nous touche à tous les coups[1].

---

1. Dans le prologue de son livre *Devant la beauté de la nature* (voir bibliographie), le philosophe Alexandre Lacroix prend justement l'exemple du Sunset Café, un bar en Grèce où les touristes viennent admirer le coucher du soleil.

Les trois thérapies solaires

• La PUVAthérapie est l'utilisation des ultraviolets de type A (ou UVA) par les dermatologues. Elle est employée pour soulager vitiligo, dermatites et psoriasis.

• La thermothérapie, ou soin par la température, se sert des infrarouges pour soulager les tensions musculaires. Elle est pratiquée en chirurgie, en rhumatologie ou en rééducation fonctionnelle. Elle est non invasive et ne présente pas d'effets secondaires. Nombreuses sont les personnes qui utilisent la chaleur pour soulager une articulation ou un muscle douloureux. Pour bénéficier de cette autothermothérapie, il est inutile de passer la journée hors de chez soi, ou d'exposer toute sa peau. Le soleil émet une énergie thermique phénoménale : 30 minutes d'exposition suffisent pour réchauffer votre squelette, ce qui soulage les tensions et vous permet d'obtenir une bonne mobilité. Inutile d'investir dans des équipements coûteux, le soleil nous offre tout cela gratuitement !

• Comme son nom l'indique, la luminothérapie utilise la lumière pour soigner. Elle stimule notre glande pinéale et nous aide à réorganiser nos rythmes circadiens (alternance veille/sommeil) ainsi que nos sécrétions de neurotransmetteurs. La lumière bleue du matin limite le surpoids et stimule les activités intellectuelles.

La luminothérapie

Faites-vous des douches de lumière : soignez-vous à la luminothérapie. Ce n'est pas un délire d'illuminés, mais bien un traitement officiel, reconnu en 2007 par la Haute Autorité de santé. Elle soigne le trouble affectif saisonnier (TAS, ou SAD), un manque de soleil qui engendre une fatigue chronique, de l'irritabilité et des problèmes de sommeil. Dans nos sociétés urbanisées, le contexte est défavorable : nous passerions en moyenne moins de 20 minutes par jour en extérieur d'après le Centre européen d'information sur la luminothérapie[1]. Nous avons besoin de plus, car notre horloge biologique et notre système hormonal se règlent sur la lumière.

Pratiquez votre luminothérapie naturelle de 6 heures du matin jusqu'à 17 heures au plus tard, à raison de 30 minutes par jour. Le meilleur moment est le matin jusqu'à midi, car la lumière bleue domine et nous stimule. Même par temps froid, la lumière pénétrant nos yeux nous éveille et nous tonifie. Évidemment, ne regardez pas le soleil directement.

En hiver, pensez à sortir de chez vous pour vous oxygéner, le froid n'est pas néfaste pour l'organisme (les virus prolifèrent au redoux), et laissez-vous imprégner de la lumière solaire pour en faire des réserves de bonne humeur. 30 minutes au déjeuner par exemple ! Attention, les nuages filtrent peu les UV et même en hiver, vous pourriez attraper un petit coup de soleil sur le nez. En revanche, pour compenser le manque de vitamine D, pensez à un apport naturel, à base de lichen boréal par exemple.

Du plein air pour voir clair

Sur l'île de Norfolk, dans le Pacifique, les 1 200 habitants sont principalement les descendants des révoltés du *Bounty* (célèbres marins mutins qui abandonnèrent en avril 1789 leur capitaine William Bligh et ses 18 fidèles sur une chaloupe) et de leurs femmes polynésiennes. Ils ont une particularité : leur taux de myopie est l'un des plus bas du monde. Même si l'hérédité joue un rôle, car un gène de la myopie a été identifié (LEPREL 1), l'importance de la vision lointaine et surtout celle de la lumière dans cette acuité visuelle ont été mises en valeur par plusieurs

1. Claire Eggermon, « Le soin en lumière », art. cit.

chercheurs[1]. Ils montrent qu'à l'inverse, le manque d'ensoleillement dès l'enfance est un facteur aggravant de myopie à l'âge adulte.

Aujourd'hui la myopie est de plus en plus fréquente dans le monde. En Europe, la moitié des habitants de 25 à 29 ans en sont déjà atteints. En Asie, le problème saute aux yeux : le taux a doublé en deux générations ! C'est une véritable épidémie sans virus ni bactérie : 90 % des jeunes en sont victimes. Dans ces régions en forte expansion industrielle, les enfants suivent des études plus longtemps qu'auparavant, avec les yeux rivés sur des écrans, et passent de moins en moins de temps en plein air. Or, la lumière naturelle permet le développement de la dopamine, une molécule qui contrôle la rétine. Sans elle, le globe oculaire grossit trop. Le manque de lumière génère une dilatation chronique des pupilles. La définition de l'image est moins bonne, car elle finit par ne plus se former où il faut sur la rétine, d'où la myopie. Si des enfants restent 40 minutes chaque jour en plein air, ils subiront 23 % de « la maladie de l'œil long » en moins : encore une bonne raison de les mettre dehors !

Un autre problème joue sur la vue ; nous en avons la preuve par les Inuits. Pendant longtemps, ce peuple n'a pas connu de myopie, y compris quand il a eu accès à la télévision et la lecture. Pourquoi ? Parce que les Inuits ne consommaient aucun sucre industriel. Après 20 ans de régime alimentaire occidental, 60 % d'entre eux ont fini par subir les mêmes troubles visuels que nous... Sachant que le sucre est considéré comme une drogue dure, et qu'une canette de soda en contient l'équivalent de six morceaux, vous savez ce qui vous reste à (ne pas) faire...

---

1. Jeremy Guggenheim *et al.*, « Time outdoors and physical activity as predictors of incident myopia in childhood: a prospective cohort study », *Investigate Ophtalmology & Visual Science*, vol. 53, nº 6, 2012.

Tout nus au soleil

Si le mot « naturisme » est issu de « nature », c'est parce que ses pratiquants revendiquent un retour à nos conditions originelles naturelles. Le grand penseur de la nature Élisée Reclus, qui au XIXe siècle a contribué à faire naître le mouvement naturiste en France, revendiquait un rapport au corps plus sain, aussi bien médicalement que moralement, ainsi qu'un meilleur respect de la planète. De nombreux nudistes sont aussi des écologistes convaincus. Ils adoptent un comportement cohérent avec leurs préoccupations environnementales.

Le naturisme donne une vraie sensation de retour à la nature, mais peut aussi apporter une meilleure confiance en soi, grâce à des relations avec les autres différentes, plus tolérantes, dénuées de préjugés. Où le pratiquer ? En dehors des plages ou des campings réservés, les lois interdisent la nudité presque partout, mais différentes activités naturistes restent possibles, comme les balades (les « randonues »), la nage dans des piscines pour nudistes, ou cet événement original : la *World Naked Gardening Day* (la journée mondiale du jardinage nu). Être nu comme un ver, un comble pour un jardinier !

Prudence avec les crèmes

Le soleil est bon pour toutes et tous à condition d'éviter les expositions excessives : pas de bronzette pendant des heures ! Si l'on est obligé de rester longtemps exposé, il existe des protections (lunettes de filtration solaire, indice de protection élevé pour les peaux claires, diffusion indirecte à travers la vitre d'une fenêtre qui bloque la majorité des UV en permettant à l'énergie thermique de pénétrer).

Cependant, attention aux produits utilisés. Parmi d'autres, un test publié par le magazine *Que choisir* révèle que plusieurs marques réputées de crèmes solaires ne protègent pas autant qu'elles le promettent, que ce soit sur l'étiquette ou dans leurs publicités, et que certaines recèlent des perturbateurs endocriniens et des allergènes[1]. La loi exige que la présence de nanoparticules soit signalée. Contre toute attente, cette indication, « nano », peut se trouver inscrite même sur une crème bio, soyez donc vigilant. Enfin, sachez que 250 000 tonnes des crèmes solaires utilisées par les baigneurs se diluent dans l'eau chaque année et provoquent des dégâts considérables parmi les organismes aquatiques. Des chercheurs ont calculé qu'en une journée sur une plage de Méditerranée, environ 4 kilos de nanoparticules de dioxyde de titane risquent de se retrouver dans la mer ! De plus, les crèmes solaires font partie des causes avérées de la détérioration des récifs de corail. Cependant, il existe des marques éthiques et fabriquées en France disponibles en parapharmacie, en pharmacie ou dans les magasins bio spécialisés. Un vacancier averti…

1. *Que choisir*, n° 560, juillet-août 2017.

Passez une nuit à la belle étoile

« La nuit venue, on y verra plus clair. »

Roland Topor.

La nuit, nous sommes privés de notre sens principal, la vue, ce qui exacerbe nos autres perceptions. Le moindre bruit, le moindre cri animal deviennent très présents tout en restant invisibles et enrobés de mystère. Au-dessus de nos têtes, le ciel étoilé nous plonge dans une immensité vertigineuse. Nous prenons conscience que notre corps est une interface entre l'infiniment grand et l'infiniment petit, entre un espace extérieur et un espace intérieur insondables. Nous nous posons des questions sur notre place dans l'univers.

Dormir à la belle étoile, avec le vent qui vous caresse le visage et le hululement des chouettes pour fond sonore, c'est s'offrir le merveilleux et l'infini ; rien de moins ! Nos yeux ont besoin d'environ 20 minutes pour bien s'adapter à l'obscurité. Il faut donc éviter d'allumer sa lampe torche car à chaque utilisation ils repartent de zéro. Un repérage des lieux le jour s'avère utile. Choisissez un endroit dégagé et sans pollution lumineuse pour profiter de la Voie lactée, au cours d'une nuit proche de la pleine lune. Installez un petit matelas de mousse sur un support meuble et horizontal, sinon une litière de fougères ou de foin, deux duvets l'un dans l'autre s'il fait froid, et vos affaires dans un sac à l'abri de la rosée du matin.

Si vous n'êtes pas en extérieur, contemplez n'importe quelle peinture de ciel étoilé, même de qualité moyenne : elle vous procurera toujours une impression magique de rêve et d'enchantement. La nuit, la lune et les étoiles, c'est la poésie à l'état pur. Le ciel nocturne éveille en nous des fascinations primitives profondes.

Pourtant nous avons peur de la nuit. Peut-être surgissent en nous les craintes de nos parents préhistoriques, proies potentielles de puissants carnassiers. Nos faibles yeux voient dans les ombres dansantes des arbres sombres des formes animales ou diaboliques ; nous entendons des cris inconnus et mystérieux ; tout devient possible et exacerbé. Cette ambiance nous ensorcelle : la nuit nous fait pénétrer dans d'autres dimensions.

Impénétrables et secrètes, les brumes qui s'élèvent au petit matin restent propices aux visions et aux légendes. Puis, avec le retour du soleil disparaîtront les elfes, les fées et les farfadets. Comme si on n'y avait jamais cru. Jusqu'au crépuscule...

La lune nous influence-t-elle ?

La lune est chaque soir un peu différente, passant de l'invisibilité au croissant le plus fin puis au parfait arrondi, suivant l'éclairage du soleil et l'ombre de la Terre. Sa danse dans le ciel et la manière dont le soleil l'illumine ont-elles réellement une influence sur nos comportements ? Les enquêtes se contredisent. Une étude statistique n'est pas parvenue à le montrer : des registres étudiés dans plusieurs pays n'indiquent pas plus de crimes ni de naissances lors des pleines lunes[1]. D'autres ont au contraire présenté une hausse des admissions pour des saignements digestifs ou pour des accidents vasculaires en période de

1. Leflet, 1998.

pleine lune sans y trouver d'explication[1]. Une hypothèse avance que certaines personnes seraient plus sensibles que d'autres, ce qui expliquerait la dissonance des études. En empêchant l'obscurité complète dont nous avons besoin, la lune perturberait certains d'entre nous. Capable d'attraction sur les mers immenses et de provoquer les marées, la lune pourrait également agir sur notre composition hydrique, car nous sommes faits d'eau, cela n'est pas totalement illogique.

La lune influence la pousse des végétaux. Les textes anciens montrent que les jardiniers ont de tout temps et en tout lieu suivi les cycles solaires, c'est-à-dire les saisons, mais aussi les cycles lunaires. Les bûcherons en tiennent compte également : ils constatent qu'abattre les arbres en lune décroissante donne un bois plus résistant et plus durable[2].

PLONGEZ DANS LA NUIT

Où que vous soyez, n'hésitez jamais à sortir pour contempler le spectacle grandiose de la voûte céleste. Au-dessus de nos têtes s'étend une immensité semblable à celle que regardaient nos ancêtres, ouvrant un passage à travers le temps, nous faisant entrevoir l'éternité. Le ciel étoilé et la Voie lactée procurent une rassurante sensation de stabilité, de forces cosmiques immuables, colossales et lointaines, garantes de la marche d'un monde qui nous dépasse.

La nuit, toutes les activités habituellement diurnes prennent une autre dimension. Mettez le nez dehors, visitez un jardin, un sentier, randonnez à la campagne ou en bord de mer. Si vous êtes cavalier, tentez au moins une fois une randonnée équestre nocturne, c'est une belle expérience. Les chevaux voient mieux que nous dans l'obscurité, ils deviennent nos guides et nous obligent à faire corps avec eux, à leur faire confiance, ils nous

1. Roman *et al.*, 2004 ; Ahmad *et al.*, 2008.
2. Ernst Zürcher, *Les Arbres, entre visible et invisible*, *op. cit.*

permettent d'accueillir d'autres sensations. De nombreux centres équestres proposent cette expérience unique, avec des chevaux calmes et habitués à cette pratique.

Et dans l'eau ? Une plongée dans les eaux sombres, avec ou sans bouteilles, voilà une autre belle expérience ! L'exploration vaut le détour : révélés par votre lampe torche étanche, les poissons endormis entre deux eaux, les prédateurs nocturnes soudain actifs, les apparitions d'êtres inconnus, tout devient différent des plongées habituelles. S'y ajoute la féerie des nombreux organismes luminescents qui enchantent la découverte. Plongez dans l'obscurité, c'est magique !

BAISSEZ LA LUMIÈRE !

Aujourd'hui, les astronomes éprouvent des difficultés à regarder les étoiles à cause des lumières artificielles éclairant chaque nuit partout dans le monde. Les insectes nocturnes sont eux aussi victimes de ces appâts lumineux, qui les attirent et qui les piègent. En 1945, après six ans de couvre-feu dû à la guerre, les entomologistes (qui attirent les insectes grâce à la lumière) ont connu des captures exceptionnelles en périphérie des villes. Dès le début des années 1950, la tendance s'était inversée...

L'éclairage nocturne engendre des perturbations sur les plantes et les animaux, mais aussi sur nous. Une étude de l'université de Haïfa, en Israël, a établi un lien entre une exposition à la lumière la nuit et un risque accru de cancer. Des études montrent que les humains vivant dans des zones à fort éclairage de nuit présentent plus de risques de cancer du sein ou de la prostate. Il existe un lien entre l'augmentation des éclairages artificiels et celle des dépressions, car une exposition lumineuse nocturne modifie nos productions hormonales. L'obscurité naturelle nous est bénéfique.

Le corps humain fonctionne selon un cycle de 24 heures, le rythme circadien, contrôlé entre autres par notre horloge cérébrale très sensible à la lumière. Les rayons lumineux inhibent notre production de mélatonine, qui est l'hormone du sommeil ; c'est la tombée du jour qui nous invite au repos. Il est souhaitable de respecter vos rythmes naturels si vous voulez rester en forme. Pour cela, évitez d'utiliser les ordinateurs et autres écrans le soir, car ils émettent artificiellement des rayonnements bleus, qui provoquent des insomnies. En effet, la couleur de l'environnement lumineux pénètre notre œil et active ou non la glande pinéale. Si c'est la couleur du coucher du soleil, la sérotonine se transforme en mélatonine ; si c'est du bleu, le corps perçoit un signal d'éveil et la transformation de sérotonine en mélatonine est bloquée. Préférez une ambiance tamisée, dans les tons rouge orangé, proches de ceux d'un coucher de soleil, aux lumières des écrans. Les plantes sont sensibles aux mêmes rayonnements : elles sont capables de percevoir le « rouge lointain » du crépuscule, ce qui les conduit elles aussi au repos.

Chez les rats, c'est l'inverse ! Ces rongeurs sont des animaux nocturnes. Trop de soleil provoque chez eux stress et angoisse, comme pour nous les étés gris. Ils n'aiment pas les saisons aux jours trop longs, et se sentent mieux en hiver qu'en été. Chez eux comme chez nous, la chimie du cerveau est directement influencée par la lumière. Juste dans le sens contraire.

RÉVÉLATIONS NOCTURNES

Mon ami François Terrasson, maître de conférences au Muséum national d'histoire naturelle, proposait des stages où les participants devaient rester seuls une nuit en pleine nature, loin d'une route qui aurait fait office de cordon ombilical avec la civilisation, sans tente et sans lumière afin d'éliminer ces protections contre l'ambiance extérieure[1]. Chez certains stagiaires, la nuit venue,

1. François Terrasson a publié un livre fondateur, *La Peur de la nature* (Sang de la Terre, 2007), dans lequel il explique nos penchants destructeurs par la hantise de ce que nous ne maîtrisons pas. Or, la nature est par définition libre et non maîtrisée.

des craintes et des fantasmes surgissaient, souvent de mort et de sexualité, très révélateurs de nos inconscients et de « la position organique de l'homme dans l'univers[1] ». Terrasson écrivait : « Il y a tellement peu d'occasions de pensée et de sensations solitaires dans la vie moderne que le concept même d'isolement réel en devient inintelligible. On entend des expressions comme “seul dans la foule”, “j'étais seul avec un tel”[2]. »

La nuit, comme l'océan ou comme le désert, nous fait renouer avec la nature indomptée, au cœur d'une immensité dénuée de repère humain. Ce déconditionnement social, cette situation inédite, fait surgir des constructions mentales enfouies. Terrasson de conclure : « Avec une simple sortie en minibus dans les bois, nous voilà en pleine neurophysiologie, en pleine psychanalyse, au cœur de l'affectivité, et au bord d'un territoire démesuré et inconnu : nous-mêmes... »

1. François Terrasson, *La Civilisation anti-nature*, *op. cit.*, chapitre *« Les stages de la peur »*.

2. *Ibid.*

Allumez le feu

> « Magie du cercle autour du feu. Observez les regards : je n'ai jamais vu tant et si intense "regard perdu, regard dedans", que ces regards absorbés, avalés, fascinés par le feu, de l'adulte ou de l'enfant. »
>
> Louis Espinassous,
> *Pour une éducation buissonnière.*

Élément primordial, le feu a longtemps été considéré comme un être vivant : il naît, il grandit, il se déplace, il se nourrit, il se reproduit et il meurt. Bien qu'il fasse partie des quatre éléments du système occidental (feu, terre, air et eau), il n'est pas non plus une substance, mais un phénomène physico-chimique étrange et ensorcelant.

Comme le ciel étoilé, le feu de bois nous fait voyager dans le temps, et nous transporte vers des fascinations primordiales, préhistoriques. Elles datent de plusieurs centaines de milliers d'années, lorsque des bipèdes malins ont appris à le conserver et à le contempler. Phénomène naturel aux allures surnaturelles, le feu est associé à de nombreuses pratiques religieuses et païennes : il y a de la sorcellerie dans la danse des flammes. Inquiétant lorsqu'il prend l'ampleur d'un incendie, évoquant la puissance incontrôlable de la nature et les menaces de l'enfer, le feu est sécurisant lorsqu'il est cantonné dans l'âtre d'une cheminée. C'est autour de lui qu'autrefois on se réchauffait en se racontant des histoires à la veillée, qu'on se transmettait les savoirs.

À la campagne, et à condition de respecter les règlements locaux et la sécurité car le danger est réel, essayez de faire un feu de bois en extérieur[1]. Attention également aux essences toxiques, comme les lauriers, qui font des victimes chaque année. Pourquoi pas pour une nuit à la belle étoile, et en compagnie d'enfants ? Il faut d'abord chercher le bois et les brindilles dans la nature, les choisir, puis les disposer, allumer le feu, le maintenir, le réveiller, calculer ses gestes et son souffle, réapprendre un art millénaire. Cuisiner au feu de bois rajoutera la dimension du parfum des grillades et la sensation de vivre un moment unique. Rien de plus simple en apparence, rien de plus fort pour des souvenirs inoubliables.

Une contemplation hypnotique

La maîtrise du feu a été une étape si marquante de l'histoire de l'humanité qu'elle en a bouleversé le cours. Aujourd'hui, il a disparu de nos vies, grillé par les ampoules électriques, radié par les radiateurs. Retrouvez le feu sacré. N'hésitez pas à le faire revenir dans votre vie quotidienne avec des bougies de toutes tailles pour maintenir une présence vivante dans vos soirées, qu'elles soient animées ou solitaires. Attention évidemment aux risques d'incendies, vite propagés dans nos petits intérieurs emplis d'objets inflammables.

Un feu de bois diffuse dans la maison une chaleur douce, confortable, bien différente de celle du chauffage. En brûlant, les bûches restituent l'énergie que l'arbre a emmagasinée, mais aussi de la lumière. De plus, la longueur d'onde de la lueur du feu est apaisante. La danse des flammes est une cible mouvante,

1. Sur les incendies de forêt ou de garrigue, voir Daniel Alexandrian *et al.*, *Le Feu dans la nature. Mythes et réalité*, Les Écologistes de l'Euzière, 2004, www.euziere.org

sa contemplation induit une sorte de méditation, voire d'autohypnose, elle mène à des échappées de la pensée qui font survoler le temps.

D'ailleurs, l'hypnose médicale est en partie née du feu, au XIXe siècle. Déjà intéressé par les pratiques des magnétiseurs, le docteur James Braid a trouvé un jour un de ses patients fasciné par la flamme d'une bougie, comme indifférent à la douleur. Il a ensuite reproduit le phénomène avec d'autres patients en fixant leur attention sur une bougie ou sur son doigt. Ainsi a été officialisée l'hypnose médicale, pour laquelle Braid a publié un traité en 1843. L'hypnose médicale a été reconnue en France en 2013 par l'Assistance publique. Bien que l'approche reste timide, elle est utilisée dans de nombreux domaines, comme le traitement de la douleur ou des phobies. L'hypnose est une thérapie naturelle dont les conséquences sont toutes positives, notamment le retour d'un meilleur sommeil... Fixer un feu dans une cheminée, c'est un envoûtant somnifère, sans effets secondaires !

Autre rôle du feu, parfois préconisé par des praticiens : lorsqu'une personne fait une crise d'angoisse avec spasmophilie, on la place devant une bougie allumée ; elle ne doit alors respirer qu'avec le nez, suffisamment fort pour faire vaciller la flamme, mais en pinçant alternativement une narine puis l'autre afin d'éviter la suroxygénation. Cela oblige le diaphragme à se détendre et à descendre suffisamment, rendant la respiration possible et soulageant de la sensation d'asphyxie. L'exercice canalise l'attention du patient, et la libération de sa respiration fait disparaître la cause de son angoisse.

Brûlez vos problèmes !

C'est un rituel efficace parfois réalisé avec un enfant qui a peur d'un monstre ou d'un fantôme : on lui fait dessiner l'objet de ses cauchemars, et on brûle le dessin devant lui pour faire disparaître l'angoisse.

Le symbole est si fort qu'il peut aussi marcher avec un adulte. Dessinez, ou écrivez sur un papier vos tourments professionnels, relationnels, etc., tout ce que vous aimeriez voir sortir de votre vie. Jetez ce papier au feu et regardez-le avec délectation se consumer, se réduire en cendres et s'envoler. La magie des flammes peut alléger vos tracas.

Explorez la ville sauvage

« Le jour où on désarmera le béton armé, on aura fait un grand pas vers le désarmement général. »

Pierre Dac,
Avec mes meilleures pensées.

Les villes présentent un grand avantage : elles concentrent l'essentiel des populations humaines dans les mêmes zones[1], ce qui laisse plus de terrain libre à la nature et à ceux qui l'apprécient. Plus les gratte-ciels sont hauts, plus la surface gagnée au sol est conséquente ! En revanche, les villes ayant été installées essentiellement dans des bassins fertiles, l'extension constante de leurs faubourgs artificialise les sols agricoles les plus riches.

Pour leurs habitants, les zones urbanisées présentent des avantages évidents pour l'économie en transports, pour les échanges de services, la vie culturelle et bien d'autres domaines, mais en contrepartie, elles leur imposent de très lourds inconvénients : pauvreté, solitude, déprime, violence, pollutions multiples et santé dégradée... les urbains paient cher. Et c'est compter sans les conséquences hors des villes, à savoir les monocultures et les élevages intensifs polluants destinés en principe à nourrir cette surpopulation humaine grandissante.

1. 1 % des terres émergées seulement abritent la moitié de la population humaine d'après Éric Lamblin (*Une écologie du bonheur*, Le Pommier, 2009).

Par conséquent, vivre dans une ville n'est vraiment confortable qu'à condition d'être assez riche pour profiter de ses avantages, et de pouvoir s'en échapper. Pour ceux qui ont peu de moyens financiers, il existe heureusement quelques solutions accessibles pour bénéficier d'un bout de verdure proche, ou pour inviter de précieux échantillons de nature chez soi.

Comme un arbre dans la ville

Des études montrent que plus une zone urbaine est verte, plus les relations sociales y sont actives[1]. Dans les villes, les arbres sont des repères, des lieux agréables pour se donner rendez-vous ou faire un break. Ils sont aussi bénéfiques à notre santé. Ils apportent un oxygène neuf, ils régulent les températures et l'humidité, ils absorbent les gaz polluants et les particules fines en suspension. Parfaits ? Non, car certaines espèces peuvent parfois renvoyer des pollutions excessives, ils ont donc leurs limites et ne peuvent pas tout absorber. De plus, ils dispersent des pollens et des substances allergisantes, tout comme les mousses ou les champignons qu'ils portent. Ces restrictions faites, il n'en reste pas moins que les arbres jouent dans les villes un rôle indispensable de purificateurs d'air et de climatiseurs naturels, notamment pour réguler les canicules de plus en plus fréquentes, sans compter leurs vertus esthétiques et antistress.

À Pékin, où la pollution atmosphérique est telle qu'elle a inspiré le terme « airpocalypse », une surface d'arbres plus étendue que six fois Paris a déjà été plantée. À New York, Denver, Mexico, Sacramento ou Los Angeles, les citoyens plantent des centaines de milliers d'arbres au cours de campagnes du Million Trees Challenge. Mais les arbres ne font pas tout[2],

1. Kweon, Sullivan et Wiley, 1998.

2. Carine Mayo, « Les arbres rendent-ils nos villes plus respirables ? », *Ça m'intéresse*, septembre 2018, www.caminteresse.fr/sante/les-arbres-rendent-ils-nos-villes-plus-respirables-1172092/

et une vraie politique de protection de la santé publique commence par réduire les pollutions à la source.

La vie sauvage de la ville

Observer les animaux sauvages, où que vous soyez, ne demande ni connaissances ni matériel particuliers. Le plus important est de vous servir de vos sens. La vue principalement, car il vous faut être attentif au moindre mouvement, un peu comme lorsque l'on conduit : on regarde la route droit devant soi, mais nos yeux restent vigilants sur tout ce qui peut survenir. Explorez les parcs, les friches, les alignements d'arbres, levez les yeux vers le ciel pour scruter les vols des oiseaux. À vos pieds, observez les plantes sauvages qui s'installent dans le moindre interstice, et qui attirent des insectes.

L'ouïe est très importante aussi. Tendez l'oreille pour repérer les chants d'oiseaux dans le fond sonore urbain : certains sont peut-être cachés dans la végétation ou sur les toits. L'odorat peut se révéler important dans la nature, mais beaucoup moins en ville, excepté pour quelques événements saisonniers comme la floraison des tilleuls d'alignement.

Le seul instrument quasiment nécessaire dans la découverte des animaux sauvages est la paire de jumelles (voir « Le matériel du naturaliste » pages 174-175), qui augmentera votre vision. Utiles également, les guides d'identification (voir page 265) des oiseaux, des plantes ou des papillons vous permettront de mieux connaître les espèces vivantes qui vous entourent. La botanique peut se révéler passionnante en milieu urbain, car des graines venues de loin germent dans des endroits inattendus[1].

Les jumelles présentent plusieurs avantages : le premier est de pouvoir observer à distance des animaux farouches, sans

1. Voir Gérard Arnal *et al.*, *Sauvages de ma rue. Guide des plantes sauvages des villes de la région parisienne*, MNHN/Le Passage, 2011.

les inquiéter ni les faire fuir. En ville, elles en ont un autre : elles nous permettent de focaliser notre attention sur un élément vivant, comme un nid de pie dans un arbre, et d'oublier le reste. « Les jumelles sont un instrument d'exercice spirituel ; aiguisant le regard-faucon avec une telle intensité, projetant loin de soi une attention concentrée sur l'autre et une disponibilité acéphale, où l'ego disparaît presque malgré lui (je défie qui que ce soit de penser à soi lorsqu'il pointe des jumelles) », écrit le philosophe Baptiste Morizot, qui y voit « l'attitude d'un vivant porté par un intérêt incandescent et désintéressé pour les vivants devant »[1]. Qu'importe la grisaille de la ville, fixez votre attention sur ses espaces de verdure et de vie, emplissez-vous d'eux. L'observation des espèces sauvages est une activité étonnamment enrichissante et déstressante (voir « La contemplation des animaux sauvages » page 174).

Évasions intérieures

Si vous n'avez pas d'espace de nature autour de vous, allez en chercher un *en* vous au cours d'une méditation ou d'une relaxation qui vous convient. Les psys appellent ça « les techniques de visualisation » : le cerveau ne fait pas la différence entre ce qui est réel et ce qui est imaginé.

Allongez-vous ou asseyez-vous dos droit, tous muscles détendus. Une fois installé, portez votre attention sur votre souffle, tranquillement. Vous pouvez alors vous « visiter de l'intérieur », comme on s'éclaire avec une lampe de poche, pour relâcher chaque partie de votre corps. Appréciez, prenez le temps.

Une fois votre respiration naturellement calme, imaginez-vous sur de l'herbe en été, dans une chaise longue ou sur le sable d'une plage. Pensez à la chaleur des rayons solaires sur votre peau, aux sons de la nature, au calme.

1. Baptiste Morizot, *Sur la piste animale*, Actes Sud, 2018.

Vous pouvez aussi imaginer un joli chemin en forêt, une cascade, un lac, une berge, etc. Vous vous promenez éveillé dans les lieux de vos rêves. Sentez les sensations du sol sous vos pieds, arrêtez-vous pour admirer le paysage, repartez.

Puis, reprenez une respiration plus ample et ouvrez les yeux. Vous venez de faire un salutaire microséjour dans la sérénité de la nature, aussi bénéfique qu'une microsieste !

Créez la plus petite réserve du monde

« On peut mettre un immense amour dans l'histoire d'un brin d'herbe. »

Gustave Flaubert, *Pensées*.

Vous habitez loin de la nature ? Invitez-la sur vos fenêtres : créez une mini-réserve naturelle[1] ! Au bureau ou à la maison, apportez un peu de verdure et de parfums de la nature. Sur un rebord de fenêtre, cultivez diverses plantes aromatiques. La menthe, le thym ou le basilic vont embaumer les lieux. Ces plantes attireront les collègues, mais aussi des papillons et d'autres butineurs, ce qui est précieux en pleine ville, et permettront un spectacle inattendu. Quant aux insectes piqueurs, ils seront repoussés par la mélisse aux odeurs de citronnelle, qui vous permettra également de réaliser des tisanes facilitant la digestion. Et les aromatiques serviront à agrémenter vos salades, ce qui n'est pas négligeable.

Si vous disposez d'un balcon, vous pouvez planter ou semer des fleurs sauvages, qui elles aussi seront précieuses aux insectes urbains. Il existe des graines en vente dans des organismes

1. « Créez la plus petite réserve naturelle du monde » est une idée de l'excellente FCPN, la Fédération des clubs connaître et protéger la nature, destinée aux enfants et pétillante d'idées (voir « Adresses utiles » page 267).

spécialisés, vous pouvez également en récolter au hasard en fin d'été à la campagne. Sinon, un simple échantillon de terre naturelle, qui contient des graines, donnera aux beaux jours des plantes spontanées. Comme une pochette-surprise livre des cadeaux, l'humus fera jaillir des végétaux.

Dans tous les lieux que vous fréquentez au quotidien, essayez d'introduire quelques échantillons de nature, qui vous accompagneront du matin au soir, ce qui sera aussi bénéfique pour votre entourage que pour vous.

Invitez la nature chez vous

Les espaces clos, dans lesquels la plupart d'entre nous passent de 80 à 90 % de leur temps, sont intoxiqués par les peintures, colles, désodorisants et produits chimiques potentiellement cancérogènes[1]. Les plantes vertes contribueraient à agir comme des bioépurateurs. Un chercheur de la NASA, William Wolverton, a trouvé des propriétés filtrantes dans certains végétaux[2]. Après ses études, des listes de plantes qui dépollueraient plus que d'autres ont été publiées – le sujet a toutefois prêté à controverse, car les expériences de la NASA étaient réalisées dans des conditions différentes. En fait, toutes les plantes ont potentiellement ces propriétés à partir du moment où elles sont en terre dans un pot et gardent leur fonctionnement vivant. Néanmoins, d'après l'ADEME (Agence de l'environnement et de la maîtrise de l'énergie) le rôle purificateur des végétaux ne suffit pas à vraiment dépolluer une pièce, il faut donc continuer de l'aérer quotidiennement, d'autant plus que des moisissures allergènes peuvent se développer sur la terre des pots de fleurs. Ces petites restrictions posées, on peut affirmer que la pré-

1. Catherine Levesque, *Le Grand Livre. Antitoxiques. Perturbateurs endocriniens, additifs alimentaires, pesticides... Se protéger de tous les poisons du quotidien*, Leduc.s Édition, 2017.

2. Wolverton, Johnson, Bounds, 1989.

sence de verdure reste fortement souhaitable pour la santé et pour le moral. Des entreprises font appel à des sociétés spécialisées qui s'occupent de tout, et certains fournisseurs garantissent leurs plantes un an. Mais le fait de les bichonner est aussi un rituel bénéfique.

Faute de pouvoir fréquenter quotidiennement un espace boisé, vous pouvez vous entourer de bois ! Vous vous y sentirez bien : des tests à l'aveugle, menés en laboratoire, montrent par exemple qu'on se repose mieux dans une chambre de bois d'arolle, ou pin cembro, que dans une chambre en faux bois[1]. Le parfum du pin ralentit le rythme cardiaque et apaise. Les substances volatiles de la résine des conifères ont également des propriétés anti-inflammatoires. Une minute seulement après qu'un volontaire a senti l'odeur d'un cèdre du Japon, sa pression sanguine systolique a déjà baissé ! D'autres espèces, comme le chêne, favorisent également le sommeil et la sérénité, sans doute à cause des huiles essentielles et de la luminosité qu'elles dégagent : offrez-vous un « bain de forêt » à domicile !

D'autre part, les objets en bois présentent des avantages. Les éléments naturels d'une planche à découper ou d'une table en bois ont des facultés d'autonettoyage qui éliminent mieux les bactéries que les matériaux synthétiques, et vous garantiront une meilleure hygiène.

Pensez aussi à l'ambiance sonore. Dans le commerce et sur Internet, vous avez à votre disposition d'innombrables morceaux de musicothérapie relaxante. Beaucoup incorporent le clapotis d'une cascade, un bruit de pluie avec en prime le roulement du tonnerre, ou encore le va-et-vient lancinant des vagues : la musique de l'eau à elle seule est particulièrement reposante. S'y rajoutent les sons d'instruments doux comme la harpe, la flûte amérindienne ou les bols tibétains. Sur un moteur de recherche ou sur YouTube, tapez des mots clés (musicothérapie nature,

1. Cité dans Ernst Zürcher, *Les Arbres, entre visible et invisible*, *op. cit.*

sons de la nature apaisants, bruit de l'eau, *water sounds*, etc.) et vous trouverez des séries de morceaux, généralement d'une durée de deux heures, avec une vidéo en plan fixe illustrant le son : cascade dans une jungle, bord de mer sous la lune... La lumière bleue des ordinateurs n'étant pas propice à la détente, vous pouvez vous contenter d'écouter ces musiques répétitives pour vous calmer, pour méditer ou pour vous préparer à un bon sommeil réparateur.

Et les animaux sauvages ? Contemplez-les à la télé ! Une étude menée par la BBC avec l'université de Berkeley sur 7 500 participants a montré que regarder des documentaires sur la vie sauvage rend heureux[1]. Admirer des animaux dans leur milieu, même par l'intermédiaire d'un écran, donne des sentiments d'admiration, de curiosité, de contentement et de joie. Vous êtes coincé chez vous ? Vive la télé verte !

Invitez la nature au bureau

Éclairé par une lumière artificielle et souvent bruyant, le bureau n'est pas l'écosystème idéal pour s'épanouir, mais sans doute pouvez-vous l'améliorer pour vous sentir mieux. Accrocher quelques photos ou objets autour de vous contribue à ce que vous vous sentiez plus dans votre sphère, cela équivaut à marquer votre territoire, comme le font les animaux avec leurs phéromones. Des plantes vertes combleront en partie l'absence de nature dans les locaux, et procureront une impression de confort. Une étude australienne montre que la présence d'une seule plante dans un bureau réduit le stress et la déprime, tandis qu'une étude américaine affirme que les employés se sentent mieux et ont un meilleur rendement si des plantes décorent leur open-space[2]. Les végétaux créent un espace de protection, comme un

1. Keltner, Bowman et Richards, 2017.
2. Burchett *et all.*, 2010 ; Lorh, Pearson-Mims et Goodwin, 1996.

rempart qui ménage notre bulle, mais pourquoi seraient-ils plus efficaces qu'un paravent ? Certainement parce que l'humain est viscéralement fait pour vivre dehors, et non dans le confinement bétonné de la ville. La verdure est appréciable même si elle est loin : des tests montrent non seulement qu'une fenêtre donnant sur la nature apaise les employés d'un bureau, mais que l'effet fonctionne même s'ils ne la voient pas ! Autrement dit, avoir un échantillon de verdure proche de soi, même invisible, est déjà efficace...

Suivant la tolérance des responsables de votre entreprise, vous pouvez aussi apporter des échantillons de nature au bureau, jusqu'à créer un véritable univers dans lequel vous vous sentirez heureux de travailler. Jouez sur les sens, disposez de la verdure, des parfums ou des images qui apaiseront votre entourage et vous-même. Et, s'il est sage, pourquoi ne pas emmener votre chien au travail ? D'après une étude conduite par les chercheurs de la Virginia Commonwealth University, emmener son chien au travail présente des bénéfices antistress pour votre compagnon à quatre pattes, qui sera ravi de passer sa journée avec vous, mais aussi pour les collègues, heureux de lui prodiguer quelques caresses. Entraînant naturellement plus d'interactions chez les humains, le toutou présente une « solution de bien-être à bas coût ». Et un sacré changement d'ambiance...

Invitez la nature en voiture

Vous passez beaucoup de temps en voiture ? Customisez-la avec de la nature ! Sans aller jusqu'à en modifier l'aspect extérieur, vous pouvez « l'ensauvager » à votre convenance, en flattant vos sens.

D'abord, l'odorat : des parfums naturels créeront un univers personnel et confortable dans votre véhicule. Les odeurs de citron et de menthe renforcent la vigilance : elles seront bénéfiques pour la conduite. Un simple bouquet de menthe fraîche apporte à n'importe quel lieu une impression très réaliste de nature.

Pour l’ambiance sonore, vous pouvez diffuser des CD de sons de nature, cascade, mer, bruits de la forêt, chants d’oiseaux, ronronnements de chat... Comme de la musique répétitive, ils n’accaparent pas le cerveau. Ils vous relaxent sans troubler votre attention au volant : le bénéfice est double !

Cultivez votre jardin

« Soigner la terre est pour moi une des manifestations de l'amour. Et en prenant soin de la terre, on prend soin de l'humain, tout est lié. »

Pierre Rabhi[1].

Aujourd'hui, nous ne fabriquons plus notre nourriture nous-mêmes et n'avons plus conscience de son origine naturelle ni de la somme de travail qui a été nécessaire pour l'obtenir. Les agriculteurs ne représentent plus que 2 % de la population active en France, et les enfants ne connaissent pas la provenance de ce qu'ils trouvent dans leur assiette. Faire pousser des légumes puis les consommer sera pour eux plus qu'un plaisir : ce sera une véritable révélation, l'expérimentation concrète d'une leçon de sciences vivantes. Ils en tireront une valorisante fierté d'avoir réussi à cultiver eux-mêmes quelque chose de comestible. Le jardinage induit un autre comportement vis-à-vis de la nature et de la nourriture, et le travail qu'il demande entraîne une prise de conscience qui évitera bien des gâchis alimentaires. Le compost à lui tout seul est une leçon. Centre de recyclage du jardin, il montre que tout a son utilité, même la pourriture, car tout fait partie du cycle vivant d'un écosystème, où rien ne se perd.

1. Christophe André, Jon Kabat-Zinn, Pierre Rabhi, Matthieu Ricard, Ilios Kotsou et Caroline Lesire, *Se changer, changer le monde*, L'Iconoclaste, 2013.

Comme tout ce qui touche à la nature, le jardinage invite aussi à l'humilité, car il fait accepter l'échec. S'accorder le droit à l'erreur sans se décourager, savoir reconnaître ses fautes sans culpabiliser, tout cela forge un solide chemin vers la maturité, la hauteur de vue et la sérénité. Le jardinage apprend aussi à l'enfant à tolérer la frustration : parfois le résultat recherché n'est pas au rendez-vous, notamment à cause des conditions météorologiques, et quand il l'est, ce n'est qu'après une longue attente. Ce rythme lent inclut le respect du cycle des saisons, la notion du temps qui passe et une vision du futur. Le but à atteindre motive l'enfant à se montrer patient. Et la patience est une autre voie vers la sérénité.

Bon pour la tête, bon pour le corps

En tant qu'activité nature, le jardinage apporte à toutes et tous un plaisir des sens avec le parfum des herbes et de l'humus, les couleurs des légumes et des fleurs, la musique des oiseaux ou le toucher de la terre et des éléments. Le tout avec le ciel au-dessus de soi, immense, lumineux.

Exercice manuel et physique, le jardinage lave la tête et entretient le corps. Dès trois mois de pratique, la dépression et la santé mentale s'améliorent. Au bout de six mois, le cœur supporte mieux l'effort, et la force musculaire des mains se développe[1]. Des recherches montrent que la densité osseuse se renforce également, ce qui peut éviter aux séniors une rupture du col du fémur[2]. Le retour à la terre, c'est bon pour vivre centenaire !

Le jardinage demande aussi de l'organisation, de la créativité et appelle souvent une recherche esthétique. Depuis leur apparition, probablement dans des pays arides où l'on créait des oasis de verdure, les jardins suivent les modes et ne se ressemblent pas.

---

1. Reynolds, 1999 et 2002.
2. Park, Shoemaker et Haub, 2009.

Chaque jardin a une âme. Il reflète l'époque et la personnalité de ceux qui l'ont créé. Il peut se résumer à un potager fonctionnel destiné à fournir de la nourriture, il peut exister uniquement pour l'agrément et le plaisir esthétique, éventuellement agrémenté d'une basse-cour. À vous d'inventer celui qui vous ressemble, même si vous n'avez qu'un balcon...

Cultivez les valeurs

S'il est pratiqué à plusieurs, le jardinage permet de créer des liens sociaux, d'échanger, de se montrer solidaire afin de réussir un travail en commun. Les jardins collectifs engendrent souvent une mixité sociale et générationnelle qui élargit l'horizon habituel de chaque pratiquant et l'invite à des relations nouvelles. « Celui qui cultive un jardin cultive le bonheur », dit un proverbe chinois.

Il existe de nombreuses associations de jardinage, où l'on cultive aussi les valeurs. Certaines ont pour vocation première l'apport d'une nourriture précieuse, voire des revenus d'appoint dans des milieux urbains défavorisés. D'autres encouragent les valeurs du travail, la réinsertion, la mixité sociale, les activités culturelles ou ludiques de proximité. Pour n'en citer que quelques-unes : la Banque alimentaire, Les Jardins partagés, Les Incroyables consommateurs, Jardins des Restos du cœur, Jardins de la solidarité, Jardins d'aujourd'hui, Jardins de cocagne, etc., dont on trouve les coordonnées sur Internet. Beaucoup de ces associations sont affiliées à la Fnars, la Fédération nationale des associations d'accueil et de réinsertion sociale[1]. Tous répondent à une demande sociale de plus en plus forte des habitants des zones urbaines. Nouveaux « poumons verts » des villes, les jardins urbains sont des échantillons de campagne, pour ne pas dire de vie rurale, qui s'offrent ainsi aux citadins en manque de

1. Voir Denis Richard, *Quand jardiner soigne. Initiation pratique aux jardins thérapeutiques*, Delachaux et Niestlé, 2011.

nature. Ce n'est pas un hasard si les appartements donnant sur de la verdure valent plus cher que les autres.

Les fleurs du bien

Le jardinage donne aussi une leçon d'écologie, car il se conduit au travers d'un échange entre les organismes vivants et nous-mêmes. Soignons ces organismes comme nous aimerions être soignés. Avant même de faire de votre jardin un petit écosystème, évitez d'en détruire le fonctionnement, en vous abstenant de l'empoisonner et de vous empoisonner vous-même aux pesticides. Cultiver bio, finalement, c'est cultiver intelligemment, comme l'ont fait nos ancêtres pendant des siècles, et ça n'a rien d'une mode passagère. Une étude financée par l'Union européenne en 2008 montrait déjà que les produits bio sont plus riches en vitamines, en sels minéraux en oligoéléments et en antioxydants que les végétaux de l'agriculture chimique. Le jardinage bio est un savoir-faire plus respectueux de la nature et des autres, une mesure de salubrité publique, une résistance civile aux lobbies de la chimie industrielle.

Permettez-vous la permaculture : il serait dommage de ne garder dans un jardin que ce que l'on a décidé d'y planter, sans y laisser s'épanouir un minimum de nature libre. Un coin de friche, quelques plantes spontanées permettront à un mini-écosystème de se développer. Ces herbes et ces fleurs sauvages attireront des insectes, qui à leur tour attireront des oiseaux. Et la leçon de choses n'en sera que plus riche.

L'intérêt pédagogique du pot de fleurs

Armés d'un pot de fleurs, de billes et d'un crayon, plantez des radis ! Si vous avez des enfants, expérimentez avec eux les vertus du jardinage, même en appartement : vous ferez peut-être naître des vocations. Les radis permettent une excellente initiation, car ils poussent facilement, ils demandent peu de place et ils apparaissent assez vite, ce qui peut être motivant pour une première tentative. Tout le matériel nécessaire est disponible en jardinerie, mais quelques objets de la vie quotidienne ajoutent un peu de débrouillardise et d'inventivité à la plantation.

• Pour une vingtaine de petits radis, il vous faut un pot d'au moins 20 centimètres de diamètre ou une jardinière, dont la longueur facilitera les opérations.

• Demandez aux enfants de disposer des billes ou des cailloux dans le fond de ce pot pour l'évacuation de l'eau, puis d'y verser un mélange composé à moitié de sable et de terreau potager. Ils ne doivent pas remplir trop : les bords du récipient feront un effet coupe-vent.

• Avec le bout rond d'un crayon, ils creusent des petits trous d'un ou deux centimètres de profondeur espacés d'environ 5 centimètres.

• Faites-les semer des graines d'une variété ronde (aux racines moins longues) et rapide (c'est indiqué sur le sachet), une par une dans chaque trou.

• Il leur faut maintenant tasser légèrement et arroser en douceur avant de disposer le pot dehors, à la lumière, sauf en été : les radis n'aiment pas la chaleur !

• L'arrosage doit être régulier pour maintenir la terre humide. Il est important que les enfants se responsabilisent en accomplissant eux-mêmes ce geste à la fois nécessaire et symbolique.

• Quand les racines des radis ont acquis une taille suffisante, les enfants peuvent cueillir les plus grosses, et laisser les autres pousser.

Ah ! la fierté de croquer ce qu'on a fait soi-même apparaître !

Les jardins thérapeutiques

Les vertus thérapeutiques du jardinage étaient certainement connues au Moyen Âge, dans les cloîtres des monastères médiévaux, qui étaient propices à la méditation. Depuis, la psychologie environnementale les a remises à l'ordre du jour : l'hortithérapie est pratiquée depuis une quarantaine d'années au Japon, dans les pays anglo-saxons et en Europe du Nord. Avec quelque 120 000 jardins thérapeutiques contre plus d'un million en Allemagne, la France traîne les pieds[1]. Des réticences persistent, et des règlements sanitaires infantilisants interdisent aux malades de prendre le moindre risque, de déguster leurs légumes, voire de sortir de leur chambre, malgré les bienfaits avérés d'une activité qui leur permettrait d'aller mieux.

L'hortithérapie est plus que du simple jardinage, car le lieu et les outils ne suffisent pas : cette véritable thérapie doit être encadrée par des professionnels, qui exploitent les vertus de la nature de manière volontaire. Par exemple, un kinésithérapeute encadrera les gestes de son patient qui maniera des outils de jardinage, profitant d'une activité motivante pour le faire progresser ; un psychologue fera parler le sien plus facilement pendant une activité en plein air que dans une salle de soins froide et close. Le jardin thérapeutique est souvent conçu par les praticiens eux-mêmes, car il doit être adapté aux limites de leurs malades[2].

---

1. Marielle Court, « L'hortithérapie, une promenade au jardin sur ordonnance », *Le Figaro*, 9-10 décembre 2017.

2. Jérôme Pellissier, *Jardins thérapeutiques et hortithérapie*, Dunod, 2017.

Le jardinage stimule les sens et fait bouger, ce qui apporte de nombreux bénéfices aux personnes âgées ou handicapées, notamment celles qui sont atteintes de maladies neurodégénératives. Dans des centres de soins qui accueillent des personnes en stade terminal, le personnel soignant constate quotidiennement les bénéfices de la présence d'un jardin auquel les malades peuvent accéder en fauteuil et même en lit[1].

Bien sûr, l'hortithérapie ne peut pas tout guérir, et pour des personnes fragiles elle doit être bien encadrée, mais elle est un extraordinaire catalyseur de mieux-être. Le jardinage peut apporter les mêmes effets que des médicaments antidépresseurs, il diminue de moitié les troubles du comportement, il peut accompagner les personnes atteintes d'autisme ou de handicap mental, il peut aider les patients subissant des traitements lourds contre le cancer, et il atténue également les tensions des soignants, qui montrent moins d'absentéisme lorsque leur institution comporte un potager[2].

Le jardinage a aussi fait ses preuves en milieu carcéral. Les prisonniers qui participent à des travaux dans des espaces verts auront moins tendance à la récidive que leurs codétenus n'ayant pas connu cette expérience[3]. Le travail de la terre est aussi une excellente activité pour des jeunes en cours de réinsertion. Parmi les travaux d'intérêt général, le jardinage et les activités agricoles remettent ces jeunes dans des rythmes de travail structurants, les responsabilisent et leur permettent de nouer des liens sociaux constructifs. Une option bien plus pertinente que la prison pour trouver les moyens de changer de voie et reprendre sa vie en main[4].

---

1. Par exemple la maison médicale Jeanne-Garnier à Paris, citée dans l'article « Le jardin extraordinaire de Madame Rosa » d'Alessandra Moro Buronzo, (*Plantes & Bien-être*, n° 41, octobre 2017).
2. Blumenthal, *et al.*, 1999.
3. West, 1986.
4. Ainsi, dans la ferme P13 de Villetaneuse en Seine-Saint-Denis, des jeunes se « remobilisent » au contact de la terre et des animaux, comme l'indique cet article de Lorène Lavocat, « La ferme urbaine où les jeunes en rupture reprennent leur vie en main », sur *Reporterre* : https://reporterre.net/La-ferme-urbaine-ou-les-jeunes-en-rupture-reprennent-leur-vie-en-main

La terre rend heureux et intelligent

Mine de rien, une minuscule bactérie inoffensive peut faire beaucoup. C'est le cas de *Mycobacterium vaccae* (c'est son petit nom), que l'on trouve dans les sols riches, les composts ou les bouses. C'est en effet dans la bouse qu'elle a été pour la première fois découverte et cultivée, d'où son nom, *vaccae*, faisant référence aux vaches. Elle a procuré à des souris de labo, qui devaient en avoir bien besoin, une meilleure résistance au stress et une capacité cérébrale accrue[1]. Bref, manipuler de l'humus rend plus heureux et plus intelligent ! Inutile de manger de la terre, la consommation des carottes du jardin suffit. Des recherches prêtent également à *Mycobacterium vaccae* des vertus antidépressives, car elle active la sécrétion de dopamine et de sérotonine, et lui voient une utilité contre l'asthme allergique, l'eczéma, le psoriasis, le cancer et différents maux. La bactérie des bouses stimule les défenses immunitaires.

D'autres études ou statistiques montrent que les enfants en contact avec l'humus et les animaux de la ferme sont moins sujets à l'asthme que les enfants des villes, et notre bactérie y joue certainement un rôle. Gare donc aux excès d'hygiène (voir « Écartez les allergies avec un animal » pages 200-201). Reniflez la terre et les bouses, cela vous fera le plus grand bien !

1. Dorothy M. Matthews et Susan M. Jenks, « Ingestion of Mycobacterium vaccae decreases anxiety-related behavior and improves learning in mice », *Behavioural Processes*, 2013.

Croquez bio

« La gastronomie est l'art d'utiliser la nourriture pour créer le bonheur. »

Theodore Zeldin, philosophe.

Après le râteau, la fourchette ! Notre nourriture, c'est l'essence même de la nature qui pénètre en nous, nous donne notre énergie et nous fait vivre. « Que ton aliment soit ta seule médecine », disait déjà Hippocrate, qui ouvrait la voie de la nutrithérapie. Or, notre nourriture est de plus en plus transformée, artificialisée, toxique, et cela nuit à notre bien-être général. Aujourd'hui, nous sommes surexposés à une malbouffe trop abondante et trop riche, et à des publicités si tentatrices et insidieuses qu'il est extrêmement difficile d'y résister. Avec leur arsenal de parfums artificiels et d'« exhausteurs de goût », les aliments industriels perturbent nos sens, notre organisme et notre santé. Il nous faut donc retourner à la source des vrais produits, dans un cadre de sobriété heureuse qui n'empêche en rien les plaisirs de la cuisine, bien au contraire.

Cuisiner, c'est se rapprocher de la quintessence de la nature, c'est expérimenter la sensualité des couleurs, des saveurs et des consistances. Activité créative, la cuisine s'apparente un peu à la peinture : on choisit des éléments qui se marient avec harmonie, en travaillant des ingrédients de base, en donnant une personnalité, en mettant des touches finales d'épices ou d'herbes parfumées. Le goût est très lié à l'odorat : « La gastronomie fait trembler l'intelligence de nos narines », disait le journaliste et écrivain Charles Monselet dans *La Cuisinière poétique* (1860).

Cuisiner fait aussi appel à tous nos sens. L'ouïe, lorsque nous épluchons des légumes, quand l'eau bout ou que l'huile grésille. L'odorat bien sûr, depuis les senteurs du thym du jardin jusqu'aux petits oignons qui rissolent. La vue, lorsque l'on rajoute des olives noires dans une salade rouge et verte par exemple, ou que l'on décore un plat avec des herbes et des fleurs. Le toucher, quand on étale une pâte dans un moule à tarte ou que l'on rompt le pain à la main. Le goût enfin, stimulé par les autres sens, qui va passer du citron acide à la carotte sucrée, du mentholé au fumé, du poivre à la vanille… Disposés partout sur notre langue, nos différents récepteurs de goût perçoivent le salé, le sucré, l'amer, l'acide, l'umami (saveur mise en avant par les Japonais que l'on pourrait traduire par « savoureux » et que l'on trouve dans les algues, mais aussi dans la tomate, les champignons ou les fromages), ou encore le gras (perception appelée oleogustus), tout cela se mariant avec une infinie variété. Les saveurs sont aussi inépuisables que les couleurs.

Cuisiner, c'est aussi une forme d'occupation de l'esprit qui vide la tête, et qui permet de laisser venir des pensées nouvelles, voire l'inspiration. Méditez les mains dans la pâte !

Enfin vient le repas. Se nourrir répond à un besoin organique, animal, mais partout dans le monde il a été ritualisé. C'est aussi une fête familiale, affective ou professionnelle, une pause dans la journée où l'on se permet d'autres relations, partagées autour des plaisirs de la table. La pression de nos occupations quotidiennes fait que nos repas et leur préparation sont de plus en plus rapides : aujourd'hui, 20 % des Américains mangent dans leur voiture ! Il est grand temps de reprendre conscience de l'origine naturelle des aliments qui nous font vivre (voir le chapitre « Cultivez votre jardin » pages 159-166), et de goûter leur valeur et leur authenticité. Pour mieux se respecter soi-même.

Le goût de la nature

Retrouvez le vrai goût de la nature : les plantes sauvages et les champignons qui nous entourent sont souvent comestibles et savoureux. Il faut savoir les identifier et les cuisiner, et pour cela de nombreux livres spécialisés peuvent vous guider[1]. Cependant, même sans guide, chacun peut reconnaître des espèces communes sans danger et trouver des recettes sur Internet, aussi bien des traditionnelles que des originales. À vous les tartes aux orties, les sodas de fleurs de pissenlit ou les confitures de mûres !

Du printemps à l'automne, savourer une violette, un bourgeon de pin, une cerise cueillie dans l'arbre ou une noix ramassée à ses pieds est un plaisir sans pareil : ils sont frais, gorgés de vitamines, incomparables. Ils ont poussé sans pesticide, n'ont pas été récoltés avant maturation pour cause de transport, et n'ont pas subi les traitements des produits de supermarché. Croquer la nature, c'est croquer la vie !

Et si vous goûtiez les yeux fermés ? Cela vous permettrait de mieux vous imprégner des saveurs. Quelques restaurants proposent leurs repas dans l'obscurité, pourquoi ne pas tenter l'expérience chez vous ? Ce sera plus fort en goût !

Imitez les vaches

L'expression « avoir les yeux plus gros que le ventre » est fondée : notre corps sait évaluer nos besoins mieux que notre mental. Sachez écouter le vôtre. Lorsque vous vous servez d'un plat, sans que vous y réfléchissiez votre organisme vous indique la quantité dont il a besoin. Abstenez-vous de vous resservir, car vous céderiez à la gourmandise, mauvaise conseillère. La tentation

1. Par exemple *Salades sauvages*, de François Couplan (Sang de la Terre, 2011), mais il en existe aujourd'hui un grand choix.

est trop forte ? Essayez de rattraper la quantité par la qualité : prenez le temps d'apprécier. Comme le font les vaches...

« Les vaches méditent en ruminant. Ce qu'elles contemplent, ce sont les métamorphoses de la lumière depuis les lointains cosmiques jusque dans la texture de la matière », écrit l'éleveur Michel Ots[1]. Et si nous les imitions ? En effet, nous faisons trop de choses trop vite, y compris des actes vitaux tels que nous nourrir. Or, mastiquer lentement les aliments permet de mieux les assimiler et aide à perdre un éventuel surpoids. La satiété se fait en effet sentir avant que nous ayons englouti des quantités superflues... Et nous avons tendance à manger trop ! À l'image des vaches, exercez-vous à mâcher lentement, à bien écraser chaque bout d'aliment avant de lui permettre de continuer son trajet. Vous vous ferez au passage de nouveaux amis : votre estomac et vos intestins. De plus, ces quantités plus sobres de nourriture ingurgitée seront un bénéfice à la fois pour votre santé et pour l'environnement.

Vous pouvez aussi pousser l'expérience plus loin : mangez comme on médite, dans le silence. Laissez la saveur d'un aliment vous envahir, gardez-le en bouche, analysez-le de toutes vos papilles. Nous le faisons toutes et tous naturellement : n'avez-vous jamais remarqué que, lorsque les convives commencent à déguster un bon plat, le silence se fait autour de la table ? Les saveurs s'expriment alors différemment, elles évoluent. Une fois l'aliment avalé, imprégnez-vous de son souvenir.

Physiologiquement, il ne faudrait jamais manger en moins de 20 minutes, car c'est le temps que met notre estomac à envoyer les signaux de satiété au cerveau.

Les régimes frustrants seraient de l'histoire ancienne si nous mangions vraiment comme des vaches !

1. Michel Ots, *Plaire aux vaches*, Atelier du Gué, 2001.

Des fleurs, oui mais…

De nombreuses fleurs sont susceptibles d'agrémenter vos plats de couleurs et de saveurs originales. Attention cependant à leur provenance : n'utilisez pas de plantes achetées chez un fleuriste, même si elles appartiennent à une espèce comestible. En effet, elles proviennent la plupart du temps de pays peu soucieux d'environnement et de protection de leurs employés. Ces fleurs renferment donc des polluants qui n'ont rien à faire dans votre assiette. La cueillette des plantes sauvages demande aussi quelques précautions. Pas de prélèvement d'espèces rares ou peu fréquentes, pas de collecte en bord de route ou sur des sites pollués. L'échinococcose, une maladie due à l'ingestion involontaire d'œufs d'un ver plat que l'on trouve notamment sur certaines plantes, sévit dans quelques départements. Même si elle est peu répandue et guérissable, il convient de vous renseigner auprès des services vétérinaires ou de la DDPP (Direction départementale de la protection des populations) de votre préfecture pour savoir si vous êtes dans une zone à risque. Prudence, mais pas de psychose…

Regardez voler les mouches !

« J'éprouvais une satisfaction vague mais intense à être simplement là avec les goélands, à sentir le soleil sur ma peau, à humer le parfum des splendides fleurs des dunes, à regarder les oiseaux éclatants de blancheur planer dans le ciel bleu… Je pensais, ou plutôt je savais, qu'ils étaient tout aussi heureux que moi. »

Niko Tinbergen,
L'Univers du goéland argenté.

Les photographes animaliers, les naturalistes et autres biologistes de terrain sont généralement des gens très sereins. Le contact permanent avec la nature mais aussi l'observation des animaux sauvages leur procurent une attitude générale très calme. Les règles d'or du naturaliste se résument dans l'acronyme DRAP : *D* pour discret, *R* pour respectueux, *A* pour attentif et *P* pour patient. En effet, pour se donner la chance d'observer des animaux rendus farouches par la chasse, qui fuient à l'approche des humains, il est nécessaire de se fondre dans le milieu naturel et de s'adapter à leur comportement. Bref, la faune sauvage nous oblige à respecter ses lois, à adopter les mêmes codes et le même rythme, nous conduisant à nous montrer discrets et patients. Et c'est une belle leçon, une sorte de cours de yoga donné par les animaux. Avec en prime, un documentaire en direct !

La contemplation des animaux sauvages

Faites comme les naturalistes ; regardez voler les mouches ! Ceci n'est ni un exercice de relaxation ni une véritable méditation de pleine conscience (voir le chapitre « Méditez dans les bois » pages 83-89). Il s'agit juste de profiter de l'intérêt du spectacle de la nature pour se déconnecter des idées parasites et d'harmoniser ses pensées. Et c'est déjà beaucoup !

Dans un coin de nature de votre choix, portez votre attention sur les déambulations d'une mouche ou d'un insecte. Inspectez la bête, regardez sa manière de voler, de se poser, de faire sa toilette, de butiner. Observer cette mouche, ou tout autre sujet, va vous donner l'occasion de vous décentrer de vos soucis quotidiens, d'harmoniser vos ondes cérébrales. Cela permet à votre corps de fonctionner en pilotage automatique, ce qui est très relaxant pour lui, mais également pour votre esprit qui est au quotidien submergé d'informations anarchiques en provenance de votre environnement et de votre propre corps.

Observer le vivant et l'intégrer dans son environnement, c'est soi-même se remplir de vie. Les insectes, par leur fourmillement lorsqu'il fait chaud ou leur torpeur lorsque le soleil se cache, peuvent nous emplir soit d'énergie, soit de calme paisible. Laissez-vous aller à observer un scarabée brillant et à voir en lui toute la beauté éclatante d'un bijou. N'hésitez pas à comparer tout ce que vous observez pour vous imprégner de tout ce qu'ils peuvent vous offrir de positif !

Le matériel du naturaliste

Lorsqu'il se promène, le naturaliste utilise d'abord ses sens, principalement la vue et l'ouïe. Cependant, une bonne paire de jumelles se révèle vite utile. Comment les choisir ? Un grossissement de 8 est suffisant ; une ouverture assez large, par exemple de 42, offre une luminosité suffisante. Une paire de 8 x 42 vous permettra de belles observations, notamment des oiseaux, omniprésents en toutes saisons et dans tous les milieux.

Identifier les oiseaux ou les papillons qui vous entourent devient un vrai jeu, c'est un excellent exercice d'observation également pour les enfants. Les guides d'identification vous aideront à mieux vous familiariser avec les richesses de votre patrimoine naturel. Bien que les guides photo aient l'air plus documentaires, je vous conseillerais plutôt les illustrations en dessins, qui sélectionnent exactement les détails importants à regarder. Il est également intéressant de se munir des deux formes : pour les champignons ou les arbres, par exemple, il est recommandé d'avoir plusieurs livres de référence (voir la bibliographie en fin d'ouvrage).

Identifiez les chants d'oiseaux

Apprendre à reconnaître les chants d'oiseaux est une gymnastique mentale très profitable. Ne pensez pas que ce soit réservé aux spécialistes, certains chants sont très faciles : vous savez déjà identifier le coucou ! À l'aide de CD ou d'enregistrements disponibles sur Internet, commencez par les oiseaux les plus communs : merle, rouge-gorge, pinson, troglodyte, pie... Ainsi, vous reconnaîtrez certains chants ou cris d'alarme au cours de vos promenades ou à travers la fenêtre, et vous comprendrez les histoires qui vous entourent : chants de merles qui délimitent leur territoire et se répondent, cri d'alarme d'un geai avertissant tout l'entourage de votre arrivée...

Écouter ce qui se passe autour de vous deviendra vite une habitude. Cela tiendra vos sens en éveil, chassera les pensées envahissantes et vous ouvrira au monde. Identifier un chant d'oiseau, c'est se concentrer sur un des instruments de la symphonie naturelle. Prenez aussi le temps de vous imprégner de l'ensemble, avec ses basses, ses aigus, ses mélodies flûtées ou ses cris brefs, le souffle du vent dans les branches, les stridulations caressantes des insectes. Une œuvre se joue à portée de vos oreilles, support sonore idéal pour laisser l'esprit vagabonder et faire une pause.

Des mangeoires pour les retraités

Les mangeoires et les nichoirs artificiels véhiculent une mentalité discutable : ils nous donnent l'illusion que nous sommes indispensables à la nature, ce qui est évidemment faux. Les oiseaux sauvages existaient bien avant nous, ils savent parfaitement se nourrir tout seuls et construire leur nid sans assistants. Tenter de les domestiquer ne leur rend pas service, et ces dispositifs qui rassemblent les animaux peuvent favoriser la transmission de maladies et déséquilibrer l'écosystème : des mésanges bien nourries tout l'hiver réussiront des couvées plus denses, elles chasseront plus de chenilles pour nourrir leurs nichées et les papillons se raréfieront. Ces dispositifs n'ont rien d'indispensable pour la nature, donc évitons les excès.

Cependant, installer une mangeoire pour attirer les oiseaux en hiver nous offre un merveilleux spectacle, instructif pour les enfants, et même thérapeutique pour des personnes âgées, qu'elles soient seules ou en maison de retraite. Les volatiles sont des bouts de vie multicolores qui viendront égayer un coin de fenêtre ou de jardin, apporter du mouvement, entretenir le sens de l'observation et ponctuer les journées. On peut passer des heures à regarder les acrobaties des mésanges ou les chicaneries des moineaux, à s'amuser à identifier les espèces et même les caractères de chacun : c'est déstressant et ça vaut bien certains programmes télé !

Nos animaux familiers

Bichonnez-vous grâce aux animaux

« La confrontation directe avec l'animal vivant conserve un attrait magique que l'image électronique ou la photographie n'auront jamais. »

Desmond Morris,
Des animaux et des hommes.

Près de la moitié des foyers français possèdent un animal de compagnie. Les animaux nous manquent comme nous manque la nature. Dans l'univers gris, minéral et froid de nos villes, l'animal est la dernière part de sauvage et de spontané, le dernier témoin d'une vie libre, en harmonie avec ses besoins fondamentaux. Les animaux sont nos références et nos maîtres. Si, si, nos maîtres en perceptions, en silence, en acceptation face à la mort ou aux maladies, en simplicité, en authenticité, en dignité et en tant d'autres choses. Ils nous montrent au quotidien les voies d'une sagesse que la plupart d'entre nous avons perdue. Rien d'autre, dans les immeubles, les boulevards, les publicités ou les néons de nos villes, ne peut nous enseigner cela. Pour les jeunes humains privés de contact avec la nature, les animaux sont aussi d'irremplaçables pédagogues.

Plus les enfants sont petits, plus ils sont en phase avec les bêtes. Parmi nos premiers mots figurent généralement des cris d'animaux, « ouah ouah ! » ou « meuh meuh ! ». En arrivant au monde, nous savons d'emblée le lien fraternel qui nous unit aux autres êtres vivants, car nous ne sommes pas encore influencés par l'idéologie anthropocentriste que nous imposera notre éducation.

Notre essence profonde est probablement plus animiste que notre société actuelle veut bien l'admettre, plus proche des savoirs anciens. Les contes de fées, les livres pour enfants et les dessins animés font parler les animaux, ce qui n'étonne en rien leurs jeunes lecteurs ou spectateurs. Et puis en grandissant, nous oublions cette connexion instinctive avec les bêtes, comme notre civilisation l'a oubliée en s'extirpant de la nature.

Les animaux sont là pour nous rappeler notre vraie nature, et nous en avons besoin. Ils nous guident vers nous-mêmes et nous apportent de l'apaisement, du bon sens et de l'équilibre. Avec la zoothérapie, ils sont même capables de soigner les plus fragiles d'entre nous : personnes âgées, handicapées, ou encore isolées socialement et affectivement, ce que nous allons voir dans les pages qui suivent.

Comme dans toutes les histoires d'amour, la relation entre nous et notre animal ne peut être que réciproque. Le langage courant, qui emploie les termes « propriétaire » ou « maître/maîtresse », véhicule une notion dominatrice désuète qui déforme la réalité. Quel compagnon de chat un peu observateur peut-il revendiquer en être le « propriétaire » ? Quand bien même votre chien obéit à une hiérarchie au sein de laquelle vous détenez l'autorité, votre relation n'est-elle pas un échange harmonieux, où vous vous souciez de ses besoins, et où vous contribuez vous aussi à son bien-être ? Nous mettrons donc ici les termes « maître » ou « propriétaire » entre guillemets. Nous sommes plus des compagnons de voyage des animaux, nous en sommes responsables, mais nous recevons beaucoup d'eux. De la réciprocité, sinon rien !

Vous avez dit « bichonner » ?

Le verbe « bichonner » vient d'un animal, et plus précisément d'un petit canin câlin : le bichon. Le bichon maltais était déjà présent chez les Égyptiens de l'Antiquité : on a trouvé une statuette représentant ce petit chien dans une tombe de l'époque de Ramsès II. Le bichon bolonais, lui, était très prisé chez les Romains. À la Renaissance italienne apparut le bichon à poil frisé, issu de croisements. Sa fourrure, douce comme celle d'une chèvre angora, en a fait le chouchou du roi François Ier, et il fut célébré par plusieurs grands peintres. On le dorlotait dans les salons royaux, pratiquant déjà la zoothérapie ou la câlinothérapie sans le savoir.

Pourquoi les animaux nous font du bien

Spontanément, nous nous sentons une nature commune profonde avec les animaux. Nous connaissons les mêmes besoins physiologiques et nous nous comprenons, d'où ce sentiment de fraternité et d'empathie. Le regard triste d'un être qui souffre est universel, de même que des yeux pétillants de joie sont immédiatement compréhensibles et communicatifs. Entre nos compagnons et nous passent des messages essentiels, instinctifs, viscéraux. L'animal est très silencieux, mais avec lui nous utilisons des vecteurs de communication plus forts et plus directs. On ne se parle pas avec des mots, qui souvent déforment nos émotions et nos sentiments.

Le comportement de l'animal est vrai, sans détour, comme celui d'un enfant. Il n'est pas déformé par le vernis des conventions sociales, il est authentique et cette fiabilité est sécurisante : on ne peut pas être trahi par son animal. L'hypocrisie ne figure pas dans le registre de son fonctionnement. Son égoïsme ingénu est légitime et n'a rien de malveillant.

L'animal n'a que faire de ce qui préoccupe la société des humains, c'est un filtre à pensées toxiques. Il ne vous jugera pas sur votre physique, sur votre compte en banque, votre réussite sociale ou vos opinions politiques ; il ne sera jamais le reflet de vos échecs. Il vous aime pour ce que vous êtes. Grâce à sa neutralité bienveillante, l'animal est un extraordinaire antidote contre le poids, et le poison, des relations artificielles et individualistes de nos sociétés. En revanche, il pourra sentir votre état moral et réagir en conséquence en se rapprochant de vous, et vous alléger de vos tracas. Il n'a « que » sa présence et son attachement à vous offrir, mais là est l'essentiel.

Les animaux nous obligent à entrer dans leur monde et à oublier le nôtre. Nous devons nous occuper d'eux, les nourrir et les soigner. Cela nous donne également un rôle positif, car nous leur apportons de la joie. L'amour d'un animal peut être le déclencheur qui fera sortir quelqu'un de la déprime. Et pour les personnes isolées socialement, l'animal brise la solitude[1].

L'animal est un lien social sans frontière. Une personne qui promène son chien (voir le chapitre « Promenez le chien » pages 213-218) ou quelqu'un qui voyage avec un chat miaulant dans sa panière attireront immédiatement les regards, les sourires et les paroles. Pour les SDF, si isolés du monde actif et si méprisés, l'animal évite la transparence : enfin des passants daignent les regarder comme des humains à part entière, certains s'arrêtent même pour leur parler...

Ne soyons néanmoins pas angéliques : les animaux ne nous apportent pas *que* des bienfaits et peuvent aussi se montrer sacrément casse-pieds. En pleine nuit, un ronronnement bien sonore réveille plus qu'il n'apaise, des chiens ronflent bruyamment, et les « propriétaires » d'animaux ont un sommeil plus entrecoupé et moins bon que les autres. Les rongeurs sont des animaux nocturnes : un hamster tournera dans sa roue plus volontiers en pleine nuit. Et parfois, la roue grince...

---

1. Katcher et Beck, 1983.

GUÉRISSEURS SANS PAROLE

Une grande enquête menée entre 1996 et 2001 sur trois continents, en Allemagne, en Chine et en Australie, a montré que les personnes vivant en compagnie d'animaux bénéficiaient d'une meilleure santé que les autres, avec des visites chez le médecin de 15 à 20 % moins fréquentes. De plus, leurs problèmes mineurs de santé étaient réduits de moitié ! Notre relation affective avec nos compagnons à quatre pattes diminue en effet notre tension artérielle et notre stress, elle augmente notre espérance de vie, et des études montrent même que ce lien stimule nos défenses immunitaires[1]. Les vertus thérapeutiques de l'animal de compagnie ne sont plus à démontrer, elles l'ont été maintes et maintes fois[2].

Les pouvoirs guérisseurs des animaux sont accessibles à toutes et à tous et ne concernent pas que la santé physique : ce sont aussi des psys à quatre pattes. Des milliers d'histoires émouvantes de par le monde montrent à quel point leur présence a changé la vie de personnes qui ont traversé de dures épreuves, et qui n'auraient pas résisté sans leur chat, leur chien ou tout autre animal[3].

Ces relations affectives fusionnelles rejoignent même ce qui ressemble étrangement à du « paranormal », avec des témoignages plus fréquents qu'on le croit de prémonition ou de télépathie – que les vétérinaires ont sans doute tous entendus –, tels ceux de Philippe de Wailly ou Joël Dehasse, qui ont relaté quelques-unes

1. Sur la tension artérielle voir par exemple l'étude de Karen Allen, 2003 ; Georges-Henri Arenstein et Jean Lessard, *La Zoothérapie. Nouvelles avancées*, Option Santé, 2010.

2. Voir José Sarica, *Zoothérapie. Le pouvoir thérapeutique des animaux*, Arthaud, 2017.

3. Voir par exemple les émouvantes histoires contées dans *Ce chat qui a changé ma vie* d'Anne-Claire Gagnon (Larousse, 2016), ou dans *Ces animaux qui nous apprennent à vivre* de Claire Aubé et Cécile Sylvestre (Leduc.s Éditions, 2017).

de ces histoires dans leurs livres[1]. Ce sont parfois les humains qui sentent soudain leur animal en détresse et courent à sa recherche au bon moment, parfois ce sont les animaux qui montrent des comportements difficiles à expliquer par la seule science matérialiste. Le scientifique Rupert Sheldrake a osé se pencher sur tous ces cas inexplicables dont nous avons presque toutes et tous été témoins, tels ces chiens qui attendent leur maître au bon moment. Ils sortent soudain de leur torpeur et s'assoient près de la porte, alors qu'en apparence rien ne leur indique l'arrivée de leur « maître », qui a des horaires et des itinéraires irréguliers[2]. Inutile de préciser que les recherches de Sheldrake sont contestées par nombre de ses collègues, alors que le domaine, presque vierge d'études sérieuses, demanderait justement à être plus exploré. Les animaux sont des guérisseurs, des psys, mais aussi les médiums ? Qui sait, un jour peut-être, la douce petite bête qui dort sur vos genoux vous sauvera-t-elle la vie...

Docteurs à quatre pattes

Comme les humains, les animaux ont des personnalités et des talents différents suivant les individus, et certains sont hors du commun. Ils sont un atout précieux pour les médecins qui diagnostiquent certains problèmes de santé et semblent investis d'une véritable mission de soulagement des maux, comme s'ils avaient choisi le métier de guérisseurs. Des chiens ont le pouvoir de détecter des maladies comme le diabète, les mélanomes et différents cancers, ou encore d'anticiper des crises d'hypoglycémie ou d'épilepsie. En France, l'association Handi'chiens propose

1. Dr Philippe de Wailly, *Le Sixième Sens des animaux*, J'ai lu, 2009 ; Joël Dehasse, *Tout sur la psychologie du chat*, Odile Jacob, 2005 ; Alessandra Moro Buronzo, *La Conscience de la nature*, La Martinière, 2013 ; Rupert Sheldrake, *Le Pouvoir inexpliqué des animaux*, J'ai lu, 2015.

2. Rupert Sheldrake, *Ces chiens qui attendent leur maître et autres pouvoirs inexpliqués des animaux*, Éditions du Rocher, 2001.

désormais quelques animaux exceptionnels choisis pour leur calme et leur faculté de concentration afin d'aider des personnes épileptiques. Autres spécialistes, certains chiens dépistent à 100 % le cancer du sein[1] ! Cette faculté leur vient sans doute, entre autres, de leur flair exceptionnel. Avec une surface de muqueuse olfactive de 150 à 170 cm^2 (contre 5 cm^2 pour les humains) et 300 millions de cellules réceptives (contre 5 millions chez nous), les chiens ont un organe 100 000 à un million de fois plus sensible que le nôtre : ils peuvent détecter une goutte de parfum dans un stade.

Animaux particulièrement mystérieux, les félins montrent eux aussi d'étranges pouvoirs. Le plus fameux d'entre eux est certainement Oscar, un petit chat né en 2005, recueilli dans un hôpital pour malades d'Alzheimer de l'État du Rhode Island, aux États-Unis. D'après le personnel, ce matou extraordinaire est capable de deviner quels patients vont bientôt mourir, et mieux que les médecins ! Il se blottit alors auprès d'eux et les accompagne jusqu'à leur dernier souffle. Il n'y a à ce jour pas d'explication scientifique définitive ni même d'étude probante, mais de nombreux témoignages concordent. En tout, Oscar aurait offert sa présence rassurante à une centaine de personnes en fin de vie, une performance qui l'a rendu célèbre dans le monde entier – il a même une page Wikipédia !

Autre chat, autre particularité : Radamenes, un chat recueilli dans une clinique vétérinaire polonaise, se colle régulièrement contre des animaux malades ou sortant d'une opération et ronronne ou les lèche. On ne connaît pas ses motivations, mais il agit consciencieusement – pour ne pas dire professionnellement – et le personnel le considère comme un infirmier à plein temps[2].

1. Sylvie Briet, « Un flair infaillible pour dépister le cancer du sein », *Sciences et Avenir*, hors-série n° 196, octobre/novembre 2018.

2. Voir entre autres un article du *20 Minutes* du 19 avril 2015, et de nombreuses photos circulant sur le Net.

En France, Peyo, l'étalon du cavalier de spectacle Hassen Bouchakour, de l'association Les Sabots du cœur[1], intervient carrément dans les Ehpad (établissements d'hébergement pour personnes âgées dépendantes) et rentre parfois même par les ascenseurs lorsqu'ils sont assez grands : une habitude qui étonne le personnel... Le cheval se montre attiré par les zones cancéreuses de certains patients qu'il lèche parfois, geste qui n'est pas habituel pour les chevaux en dehors des juments avec leur poulain. Fréquenter des personnes fragiles impose des normes d'hygiène sévères. C'est pourquoi Peyo est désinfecté des crins aux sabots, il subit des quarantaines de deux jours avant et après ses interventions et il a appris à retenir ses besoins dès qu'il entre en établissement, comme un bon toutou. Après son passage en gériatrie, beaucoup de gens se révèlent différents. Peyo fait remonter des souvenirs et apparaître des sourires, il distribue énormément de bonheur. Mais est-il heureux lui-même ? Rien ne semble montrer le contraire. L'étalon est doux, très patient avec les malades, il se laisse longuement caresser sans avoir l'air de vouloir s'échapper. Son calme est d'autant plus troublant qu'auparavant, Peyo était trop fougueux pour être monté ! Lui aussi semble profondément investi de sa mission et s'y consacre avec une bonne volonté évidente.

Petite histoire de la zoothérapie

Les humains sont depuis toujours fortement connectés aux animaux. Dans la nature, mis à part la prédation, la plupart des relations entre les espèces sont pacifiques, voire bénéfiques, et nos ancêtres ont certainement éprouvé ces avantages. À partir du néolithique, la domestication puis la compagnie des animaux de ferme ont vraisemblablement été l'occasion de liens privilégiés entre certains éleveurs et leurs bêtes. Notre histoire passionnelle avec les

1. Un documentaire, *Peyo, cheval de cœur*, a été tourné pour Equideo en 2017. Voir aussi www.facebook.com/lessabotsducoeur/

chiens montre qu'avant d'avoir un nom, la zoothérapie a toujours existé. Nombre de personnages historiques ont trouvé l'apaisement auprès des chiens, des chats et d'autres espèces, du guépard au pigeon en passant par le perroquet, le singe ou le cheval.

Dans les années 1850, Florence Nightingale, une infirmière britannique, a utilisé des animaux pour soutenir les soldats blessés, notamment durant la guerre de Crimée. Au XIXe siècle, différentes expériences de soins avec des animaux ont été menées auprès de personnes handicapées en Belgique ou en Angleterre. Sans avoir approfondi la question, Freud notait le contact apaisant de sa chienne Topsy et connaissait les pouvoirs guérisseurs des animaux[1].

Cependant, la zoothérapie telle qu'on la connaît aujourd'hui a été découverte en 1953 un peu par hasard par un pédopsychiatre américain nommé Boris Levinson. Un matin qu'il reçoit en urgence Johnny, un jeune autiste qui ne communique pas avec le monde extérieur et qui doit être interné, il oublie qu'il a laissé son chien Jingles dans le cabinet. Dès que Johnny et ses parents pénètrent dans le cabinet médical, Jingles se dirige vers l'enfant, qui se met à le caresser... puis à lui parler, devant ses parents ébahis, émus aux larmes. Levinson comprend que le chien a servi de déclencheur, et qu'il peut jouer les médiateurs entre son patient et lui. Il mettra en place une thérapie avec Johnny et Jingles, puis avec d'autres. Ainsi est née la *pet therapy* (de l'anglais *pet*, « animal de compagnie »), ou zoothérapie, c'est-à-dire le soin par l'animal. On parle également de « médiation animale », car l'animal joue surtout un rôle de catalyseur. La zoothérapie est une relation à trois : le malade, l'animal et le soignant, qui supervise et dirige les entrevues.

Il faudra attendre vingt ans pour que les travaux de Levinson trouvent un écho en France avec le docteur Ange Condorcet, qui publie un ouvrage de référence, *L'Animal compagnon de l'enfant*[2], et fonde en 1977 l'Afirac (Association française d'information et de recherche sur l'animal de compagnie), qui s'étendra en 1992

1. Catherine Muller, *L'Enfance entre chiens et chats*, Robert Laffont, 1993.
2. Dr Ange Condorcet, *L'Animal compagnon de l'enfant*, Fleurus, 1973.

au niveau international avec l'IAHAIO (International Association of Human-Animal Interactions Organisations). Depuis le milieu des années 1980 il existe une formation professionnelle au métier de zoothérapeute, mais elle n'est toujours pas reconnue, ni en France, ni en Belgique, ni même au Québec, pourtant en pointe dans le domaine. Cependant, le psychanalyste en médiation animale François Beiger a créé en 2009 un diplôme universitaire à Montpellier, et petit à petit l'Hexagone rattrape son retard : des animaux entrent dans les écoles, les hôpitaux ou les prisons, d'autres accompagnent des stages professionnels ou de réinsertion[1]. Aux États-Unis, des chiens éduqués pour réconforter les victimes traumatisées interviennent après des tueries de masse.

La littérature abonde sur le rôle bénéfique des animaux médiateurs auprès des prisonniers, des enfants autistes, des personnes souffrant de troubles du comportement, des séniors atteints de maladies neurodégénératives, des handicapés psychiques et moteurs, et bien d'autres situations humaines difficiles[2]. Des psychologues expliquent que ces animaux sont un prolongement symbolique de soi et aident la personne en difficulté à transposer ses états d'âme sur eux. Accompagnés par un zoothérapeute, ils permettent aux enfants nerveux de mieux contrôler leurs émotions, ils aident les délinquants à se resocialiser, ils stimulent la mémoire des personnes âgées, ils interviennent aussi dans les conflits intrafamiliaux. Bref, les animaux soignent nos maux.

Les différentes thérapies animales

Le mot « zoothérapie » désigne une méthode de soins utilisant un animal et un thérapeute professionnel. Il ne faut pas la confondre avec la zooanimation, qui consiste simplement à lâcher un animal dans une salle de classe, un hôpital, etc., afin de distraire et d'aider

1. François Beiger a publié *L'Enfant et la médiation animale. Une nouvelle approche par la zoothérapie* (Dunod, 2008).
2. Kahn et Kellert, 2002.

les personnes par sa simple présence, sans objectif thérapeutique construit.
La zoothérapie englobe deux pratiques médicales distinctes : les AAA (activités assistées par l'animal), et la TAA (thérapie assistée par l'animal), dans laquelle l'animal joue le rôle de médiateur entre le soignant et le patient - on parle alors aussi de TFA (thérapie facilitée par l'animal).
L'équithérapie, ou hippothérapie, désigne des soins médiatisés par le cheval (voir le chapitre « Consultez un cheval » pages 229-237). Elle demande l'intervention d'un thérapeute qualifié et est généralement soumise à une prescription médicale. Validée par un diplôme d'État et dispensée par un professionnel, l'équicie s'adresse en priorité aux personnes handicapées. L'équicoaching concerne plus les entreprises et les équipes professionnelles dans le but d'apaiser les relations et de développer les motivations. Enfin, le coaching de vie, ou développement personnel assisté par le cheval, s'adresse à toute personne désirant prendre conscience de ses blocages, lâcher prise ou tout simplement évoluer vers un mieux-être.
La ronronthérapie, la lamathérapie et autres bestiothérapies sont des néologismes amusants pour désigner différents moyens de se soigner qui ne sont pas toujours officiels ni acceptés par les vétérinaires ou les psychologues, car ils ne correspondent pas à une formation professionnelle définie. Ce sont néanmoins des pratiques de plus en plus répandues. On peut raisonnablement penser que leur succès vient de leur efficacité.

Delphinothérapie, le vrai du faux

Depuis l'Antiquité, notre relation avec les dauphins est singulière. Certains d'entre eux ont sauvé des marins de la noyade, d'autres aident des pêcheurs à rabattre les poissons dans les filets[1].

1. Voir Yves Paccalet, *La Vie secrète des dauphins*, l'Archipel, 2002 ; Marc Giraud, *Calme plat chez les soles*, Robert Laffont, 2007.

Une fascination spontanée nous attire vers eux, nous sentons avec ces mammifères une complicité unique. Quelques histoires extraordinaires ont marqué les esprits, telle cette amitié étonnante entre Abid'allah, un jeune Bédouin sourd-muet, et Oline, une dauphine sauvage, au bord de la mer Rouge. Cela se passe dans le petit village de Mezaïna, au pied du Sinaï égyptien, dans les années 1980. À cause de sa particularité, qui l'isole depuis l'âge de 5 ans, Abid'allah est un garçon solitaire. Un jour, où il pêche en mer, un dauphin sauvage s'approche de sa barque. C'est Oline. Ils ne se quitteront plus. L'enfant et l'animal prennent confiance et finissent par nager et plonger ensemble, et petit à petit le jeune pêcheur va se remettre à parler. Les vieux de la tribu n'en reviennent pas et crient au miracle. Mais l'histoire est vraie, comme bien d'autres[1].

La fascination spontanée qu'exercent les dauphins, les relations très tactiles qu'ils peuvent nouer avec nous, cette curieuse communication non verbale en font des partenaires très recherchés pour les enfants autistes. Mais leur pouvoir de médiateurs en zoothérapie a parfois été un prétexte pour construire de nouveaux delphinariums : « Gare à l'excès de crédulité des uns, et à la rapacité commerçante des autres ! » nous prévient Yves Paccalet dans *La Vie secrète des dauphins*. N'oublions pas qu'en zoothérapie l'animal n'est qu'un déclencheur, et que bien des espèces plus accessibles que le dauphin peuvent jouer ce rôle guérisseur.

Les cétacés sont des animaux intelligents, sociaux et joueurs, qui ont besoin de la compagnie des leurs, de grands espaces et de liberté. Ils sont malheureux en captivité dans des bassins étroits, ils souffrent dans l'eau chlorée, deviennent agressifs et vivent moins longtemps que leurs congénères libres. Les orques, qui sont de gros dauphins, n'ont à notre connaissance jamais attaqué d'humain en mer ; mais en parc aquatique, certaines ont

1. Voir Pascale Noa Bercovitch, *Oline, le dauphin du miracle*, Robert Laffont, 1999.

tué leur dresseur[1]. Notre joie spontanée de voir des cétacés « en vrai » cache donc une réelle souffrance. La zoothérapie ne peut pas rimer avec l'exploitation animale, les bienfaits des uns ne sauraient s'appuyer sur le malheur des autres.

Si vous voulez vraiment vous faire plaisir, allez à la rencontre des dauphins libres dans leur milieu naturel. Ils sont encore nombreux un peu partout autour des côtes françaises, et des sorties en mer existent pour les voir. Même si la tentation est grande, il ne faut pas nager près d'eux s'ils n'en ont pas envie, ni les poursuivre... S'ils viennent vers vous, de leur plein gré, ce moment de joie intense restera gravé à jamais dans votre mémoire.

LES ANIMAUX NOUS AIMENT

Quand on se rend dans un centre équestre, il est toujours étonnant de constater qu'un animal aussi puissant qu'un poney obéisse si docilement aux demandes d'une frêle gamine, sans avoir l'air de songer un instant au rapport de force réel pourtant nettement à son avantage. Les chevaux sont des animaux sociaux se pliant à une hiérarchie de groupe. Il est donc normal pour eux d'obtempérer. De plus, leur éducation les a entraînés à répondre à nos demandes. Mais ces explications sont-elles suffisantes ? C'est notre relation d'affection et de confiance qui motive les animaux de travail : ils font souvent bien plus que ce qui leur est demandé. S'ils sont bien traités et s'ils reçoivent de l'affection, ils travaillent probablement avec plaisir.

Observant la manière dont des rats réagissent aux tests de comportement, la philosophe des sciences Vincianc Despret avance qu'ils cherchent aussi à faire plaisir aux chercheurs qui

1. Voir le documentaire *Blackfish, l'orque tueuse*, de Gabriela Cowperthwaite (2013), qui a révélé les drames cachés des delphinariums, et qui a contribué à détériorer leur image de façade en montrant les conditions réelles de captivité des cétacés. Tilikum, l'orque mâle qui a inspiré le film, a tué trois personnes. Il est mort en 2017 d'une infection.

les observent[1]. Une constatation qui n'étonnera sans doute pas les milliers de compagnons de chiens ou de chats. À partir du moment où nous n'exigeons pas d'eux d'aller contre leur nature, les animaux ne cherchent pas à faire autre chose que ce que nous leur demandons. Et ils nous aiment. Intensément. Avez-vous déjà vu le regard perdu d'amour pur qu'un chien ou un chat peut porter à son humain ?

Il peut arriver qu'un animal nous prenne pour un parent. C'est ce que les éthologistes appellent le phénomène d'imprégnation. Les études scientifiques les plus récentes montrent que les animaux peuvent nous considérer comme des êtres familiers, voire comme des amis[2].

Un exemple frappant d'amitié liant un animal et son humain s'est manifesté en 1998, aux États-Unis : un beau matin, Lulu sort de chez lui et s'allonge sur la route jusqu'à ce qu'un automobiliste s'arrête et sorte de sa voiture. Lulu se lève alors et trottine. L'automobiliste suit Lulu, qui l'emmène en fait auprès de sa « maîtresse ». L'automobiliste se rend compte que la femme vient de faire une crise cardiaque et lui sauve la vie... Lulu n'est ni un chien ni un chat : c'est un cochon nain[3]. Cette histoire extraordinaire, mais loin d'être unique avec nos compagnons, montre que de nombreux autres animaux domestiques sont capables de ces interactions étonnantes avec nous. Les animaux nous aiment et cet amour est inconditionnel.

---

1. Vinciane Despret, *Penser comme un rat*, Quae, 2016.

2. Voir la contribution de Fabienne Delfour, docteure en écologie cognitive, « La thérapie par l'animal », dans l'ouvrage collectif *Révolutions animales* (Arte Éditions/Les Liens qui libèrent, 2016).

3. Histoire relatée par la biologiste Emmanuelle Pouydebat dans le hors-série n° 195 (« Chat, chien, qui est le plus malin ? ») de *Sciences et Avenir* (octobre-novembre 2018).

Les vertus de la caresse

« Non seulement les caresses possèdent une vertu tranquillisante et antidouleur, mais en plus, elles participent à la constitution de l'identité et à l'émergence de la pensée », nous dit Boris Cyrulnik. La caresse est en effet une forme fondamentale d'expression et de communication sociale, que ce soit entre humains, entre animaux, ou entre humains et animaux non humains. La conscience d'une présence rassurante due à ce contact chaleureux donne le sentiment d'exister, aussi bien à celui qui caresse qu'à celui qui est caressé. La caresse combat l'impression de solitude et atténue la tristesse. Elle nous ferait revivre les premiers câlins reçus de notre mère. Les personnes ayant manqué de tendresse dans leur enfance trouveront une douce compensation affective avec les animaux. Au Japon, et désormais dans de nombreux pays, ceux qui ne veulent ou ne peuvent pas avoir un chat chez eux se rendent dans des « bars à chats » pour se déstresser à leur contact. Dans ces lieux, les animaux ne se prêtent au jeu que s'ils en ont envie. On y rencontre des bêtes, mais aussi des amis des bêtes : l'histoire raconte que deux personnes qui ont caressé le même chat dans un bar ont fini par se marier[1] !

Les enfants élevés avec un animal auraient moins tendance à sucer leur pouce et se socialiseraient plus facilement. Le toucher et les stimulations sensorielles sont nécessaires aux jeunes mammifères, plus encore que la nourriture. Dans les années 1960-1970, une série d'expériences cruelles, menées par le psychologue John Harlow, consistait à séparer des petits macaques rhésus de leur mère pour les mettre dans des « puits du désespoir ». Le chercheur laissait ensuite le choix aux orphelins de se diriger soit vers un faux singe fabriqué en fil de fer qui donnait du lait, soit vers un faux singe en tissu chaud, qui ne nourrissait pas. À la surprise générale, les bébés singes ne choisissaient pas le leurre pouvant les nourrir mais se dirigeaient tous vers le mannequin doux et

1. Isabelle Taubes, « Le chat, un thérapeute au poil », *Psychologies*, 23 juin 2017, www.psychologies.com/Planete/Les-animaux-et-nous/Articles-et-Dossiers/Le-chat-un-therapeute-au-poil/4Des-caresses-antistress

chaud pour s'y blottir. Paradoxalement, ces expérimentations impitoyables - dénoncées à juste titre par les défenseurs du bien-être animal - ont montré l'importance primordiale du contact, de la chaleur et de la douceur[1].

Plus une caresse est lente, plus le cerveau réagit intensément. La caresse est la reine des moments érotiques, mais elle est aussi un geste d'amitié, d'affection ou de réconfort. Elle aide au développement émotionnel de l'individu, libère de l'ocytocine (voir page 42) et peut produire un effet semblable à un tranquillisant. Dans une maison de retraite, un chat a d'ailleurs été surnommé Prozac parce qu'il s'est avéré plus efficace que le médicament !

Dès les années 1980, le professeur Aaron Katcher et son équipe révélaient que six minutes passées à caresser un chat ou un chien suffisaient à faire baisser la tension[2]. Leurs travaux ont également démontré que la fréquence cardiaque, la pression artérielle, la température de la peau et d'autres indices de stress baissaient lorsqu'on caressait un animal de compagnie. La caresse est un tranquillisant et un antidépresseur efficace, qui à la longue finit par agir positivement sur la santé. Une autre étude menée sur 10 ans démontre que les possesseurs de chats voient leurs risques de décéder d'attaque cardiaque diminués d'un tiers[3]. Tenant facilement sur les genoux et offrant un poil soyeux agréable à caresser, les chats sont souvent invités dans les maisons de retraite pour leur faculté à maintenir une sensualité vitale. Et pour les malades atteints d'Alzheimer dont les pensées sont si confuses, le contact est plus que bénéfique : les sensations que le chat procure atteignent directement la sensibilité corporelle archaïque et rassurent. Pour toutes et tous, la caresse est fondamentale. Ne vous en privez pas !

1. Autre vécu cruel ayant montré l'importance du toucher : les enfants des orphelinats dans la Roumanie de Ceauşescu n'étaient pas stimulés, jamais touchés. Cela a donné une génération entière d'autistes particuliers, atteints de ce qu'on appelle l'autisme déficitaire.

2. Katcher et Friedman, 1983.

3. Paddock, 2008.

Adoptez un animal

> « L'enfant accorde à l'animal d'être pleinement un égal, reconnaissant sans inhibition ses besoins. Il est sans doute davantage parent de l'animal que de l'objet, qui est vraisemblablement énigmatique pour lui. »
>
> Freud,
> *Totem et tabou*.

Pourquoi adopter un animal ? Parce c'est attirant sans doute, mais la question nécessite une sérieuse réflexion : demandez-vous les raisons profondes de vos motivations, évaluez tous les avantages apportés par sa compagnie, mais aussi toutes les conséquences. Attention aux coups de tête : c'est si facile d'arriver triomphant avec un chaton ou un chiot craquants dans les bras, et de provoquer la joie de toutes et de tous. Mais pensez sur la durée. Le petit animal va grandir, il ne sera peut-être pas facile à éduquer, il demandera des sacrifices au quotidien, parfois plus en cas de maladie. Il faudra tout assumer. On ne le dira jamais assez : avoir un animal est une responsabilité. Et celle-ci dure généralement une quinzaine d'années.

Ces recommandations étant rappelées, un animal désiré sera heureux autant qu'il rendra heureux. Sa fidèle présence, son attachement, ses jeux et son caractère unique feront de lui un être terriblement attachant. Les sacrifices qu'il demandera chaque jour seront aussi des marques d'amour de votre part, qu'il vous rendra au centuple. Pour une personne seule il sera une compagnie irremplaçable, dans une famille il resserrera les liens de façon tout aussi irremplaçable.

Où adopter un animal ? Évidemment dans un refuge ! Les chatons et les chiots des boutiques d'animalerie sont forcément craquants, mais ils viennent généralement de centres de reproduction animés par des logiques commerciales, qui doivent garder un certain rendement, avec des femelles trop sollicitées. Les chiots d'élevages intensifs sont souvent sevrés trop tôt et présenteront vite des troubles comportementaux. Dans sa *Lettre ouverte aux animaux*, Frédéric Lenoir rappelle en outre que « les animaux invendus sont parfois tués ou cédés à des laboratoires pharmaceutiques pour devenir des cobayes[1] ». Donc renseignez-vous, car les réseaux mafieux internationaux sont nombreux à faire du trafic, notamment de chiens de petite taille. Évitez Internet pour les mêmes raisons. Les élevages ne concernent que les acheteurs désirant une race précise, sachez néanmoins que les corniauds (ou bâtards), qui ne sont pas issus de sélections, sont *a priori* plus riches génétiquement et plus costauds. La sélection artificielle, qui a dérivé vers des formes trop exagérées, a d'autres conséquences : les races pures de chiens ou chats à nez très écrasé, par exemple, présentent de fréquents problèmes respiratoires...

Dans les refuges, des centaines d'animaux de tout poil, de tous âges et de toutes tailles vous attendent. Ces chiens et ces chiots abandonnés ont un besoin d'affection grand comme l'univers, et ils ne demandent qu'à vous donner la leur. Toutes les garanties vétérinaires sont prises (vaccins et tatouages), ainsi que des conseils avisés pour accompagner votre choix. De merveilleuses histoires de coup de foudre viennent illuminer ces lieux parfois attristants, sonnant le début d'une vie entière de bonheur complice.

1. Frédéric Lenoir, *Lettre ouverte aux animaux*, Fayard, 2017.

L'ANIMAL, PÉDAGOGUE INSTINCTIF

À condition qu'il soit respecté et bien traité (le contraire infligerait un impact négatif sur tous), l'animal de la famille sera un formidable atout pour la structuration psychique du jeune humain. Entre l'enfant et l'animal se nouent des complicités spontanées qui échappent aux adultes. À sa venue au monde, l'enfant a tout à découvrir. Il est dénué de préjugés et connecté à l'essentiel : il est direct, objectif et réaliste. Plus sensoriel qu'intellectuel, l'enfant comprend le langage gestuel de l'animal comme l'animal comprend le sien. L'animal se montre étonnamment tolérant avec la maladresse brutale du jeune humain, comme un guide patient. Cette bienveillance est rassurante et sécurisante pour l'enfant.

Avoir un tel compagnon dans son enfance est pour l'humain une formation irremplaçable. L'éthologiste et anthropologue britannique Jane Goodall dit qu'elle a beaucoup appris d'un chien qui vivait près de chez elle, et avec qui elle a connu des relations privilégiées : « Rusty m'a fait comprendre énormément de choses sur le comportement animal. Il m'a donné des leçons que je n'ai jamais oubliées. C'est lui qui m'a appris que les chiens étaient capables de raisonnement[1]. » La petite Jane ne serait peut-être pas devenue la grande Goodall sans Rusty.

Les animaux de compagnie favorisent le développement de l'enfant et l'aident à structurer sa personnalité. Le psychologue Philippe Hofman nous le confirme : « En les observant, l'enfant aiguise sa curiosité intellectuelle. Lorsqu'il découvre leurs codes de communication singuliers, il enrichit ses capacités cognitives, son raisonnement et sa mémoire. Quand il joue avec eux, il découvre l'altérité et le respect. Si son chien se blesse, il est inquiet et ressent naturellement de l'empathie : il apprend à le consoler et à le soigner[2]. »

---

1. Jane Goodall, *Ma vie avec les chimpanzés*, L'École des loisirs, 2012.
2. Philippe Hofman, *Le chien est une personne*, Albin Michel, 2015.

L'APPRENTISSAGE DE LA DIFFÉRENCE

« Soyons subversifs. Révoltons-nous contre l'ignorance, l'indifférence, la cruauté, qui d'ailleurs ne s'exercent si souvent contre l'homme que parce qu'elles se sont fait la main sur les bêtes. Rappelons-nous, s'il faut toujours tout ramener à nous-mêmes, qu'il y aurait moins d'enfants martyrs s'il y avait moins d'animaux torturés », écrivait Marguerite Yourcenar en 1977 à l'OABA (Œuvre d'assistance aux bêtes d'abattoirs). En effet, à tout âge, le respect de l'animal nous montre le chemin du respect de l'humain, y compris l'humain différent. Il existe d'ailleurs un lien identifié entre la violence qui s'exerce sur les uns et sur les autres : le FBI sait pertinemment que les tueurs en série ont souvent commencé leur « carrière » en torturant des animaux et surveille de près l'évolution des psychopathes tueurs de bêtes[1].

Deux psychologues de la Brock University, au Canada, ont étudié des enfants pendant plusieurs années[2]. Il apparaît dans leurs résultats que plus les individus considèrent les animaux comme proches des êtres humains, plus ils sont accueillants avec les immigrés ou les groupes marginalisés. Au contraire, dans une famille où l'on se considère comme supérieurs aux bêtes, l'enfant fera plus généralement preuve de racisme et d'intolérence.

La base du problème, c'est évidemment la confusion entre différence et infériorité – qui donnerait des droits à certains sur les autres. Une expression telle que « traité comme une bête » véhicule l'idée encore tenace que la maltraitance n'aurait pas été aussi scandaleuse si elle s'était abattue sur un animal non humain. Cela montre que si l'on tire sur le fil de la justification de la violence par la différence, on trouve dans le même sac le spécisme, le racisme ou le sexisme, car ils procèdent d'une même logique.

---

1. Voir l'ouvrage *Le Lien. Violences sur les animaux et les humains* d'Andrew Linzey (One Voice, 2011) et les activités de l'association EAN (Enfant-Animal-Nature) pour la prévention de la violence sur www.enfantanimalnature.fr

2. Costello, Hodson, Bastian, Loughnan, 2012.

L'animal dans la famille apprend donc aux enfants à respecter l'altérité, et ces relations d'affection les conduisent à coexister en bonne intelligence avec tous. Vivre avec un animal développe la solidarité envers les autres quels qu'ils soient, et contribue à pacifier le monde. Rien de moins !

UN COMPAGNON POUR TOUS LES ÂGES DE LA VIE

Pour les petits, l'animal est un pédagogue, un compagnon de jeux, mais aussi un facteur d'équilibre, car il sert de tranquillisant : la présence d'un chien, par exemple, diminue significativement les risques d'anxiété[1]. De plus, l'animal montre sans tabou toutes les fonctions naturelles que notre société cache souvent avec dégoût, inquiétude ou pudibonderie : la naissance, la défécation, la sexualité, la maladie ou la mort. La vie quotidienne de son compagnon renvoie l'enfant à ses propres fonctions organiques et lui montre qu'il est normal. Bien qu'elle soit triste, la mort de l'animal est également un événement formateur, car elle est impalpable et difficile à comprendre pour les plus petits.

Les chats et les chiens ont une vie plus courte que la nôtre et suivent une évolution plus rapide. Au cours de sa croissance, l'enfant changera à un rythme différent de celui de son compagnon, mais chaque âge verra des complicités spécifiques, avec des périodes plus intenses que d'autres. Pour l'adolescent en pleine métamorphose, pris entre deux âges ambivalents, l'animal représentera à la fois un refuge enfantin régressif et une occasion de se responsabiliser, d'avancer vers la maturité. Il sera encore un confident idéal, capable d'entendre n'importe quel secret mais de n'en trahir aucun. Le regard de l'animal, dénué de tout jugement, est rassurant à cet âge fragile, où l'on est envahi de doutes sur son image changeante.

---

1. *Preventing Chronic Disease*, vol. 12, novembre 2015.

Pour un ado ou un adulte, un chat ou un chien de petite taille est facile à materner. Les capacités cérébrales des chiens seraient comparables à celles d'un enfant de 2 ans, d'où les « mon bébé » dont on les affuble souvent. La taille est-elle d'ailleurs si importante ? On entend les mêmes susurrations infantilisantes envers des chevaux d'une demi-tonne. La limite qu'ils imposent, c'est qu'il est assez peu envisageable de les faire sauter sur ses genoux...

Pour des séniors, un animal peut être le substitut de leurs enfants partis et peut leur faire revivre tout un éventail de sentiments parentaux disparus. Et avec une bête, on peut bêtifier sans crainte du ridicule... L'animal s'inscrit dans la lignée des personnages de la famille. L'énergie de leur compagnon recharge les batteries émotionnelles des séniors.

Alors qu'une famille peut connaître des bouleversements parfois éprouvants, l'animal reste un repère fidèle, une sorte de stabilité affective rassurante. Pour une personne seule et déçue de ses relations avec ses semblables, l'animal fidèle peut aussi cristalliser une compensation excessive s'il devient le centre de tout, car il participerait à un certain retrait du monde. Obligeant son humain à mettre le nez dehors, le chien l'aide alors à garder un minimum de liens sociaux.

ÉCARTEZ LES ALLERGIES AVEC UN ANIMAL

L'asthme et les allergies sont des maladies récentes, probablement dues à la fois aux pollutions et au désert bactériologique imposé par un excès d'hygiène. En France, 40 % des enfants et des adolescents sont désormais allergiques. Autrefois, les enfants se trouvaient en contact avec la boue, les animaux de la ferme et des agents pathogènes qui activaient leurs défenses immunitaires sans les affoler.

Au congrès annuel de l'American College of Allergy, Asthma and Immunology de 2017, deux communications ont confirmé ce rôle sanitaire de l'animal. L'exposition prénatale et la présence d'un chien peuvent protéger un enfant de l'eczéma jusqu'à l'âge de 10 ans, ou encore de l'asthme dans certains cas. Les chercheurs ont même montré qu'en prenant des précautions, une personne allergique aux chiens pouvait parfaitement vivre avec son animal ! Cela confirme un rapport scientifique précédent qui notait déjà une diminution de l'asthme et des allergies chez les enfants précocement exposés à des chats[1]. Une bonne nouvelle pour les malades qui n'ont aucune intention de se séparer de leur compagnon.

Le tyrannosaure thérapeute

Même les dinosaures apportent de l'équilibre aux enfants ! D'après le psychologue Pascal Hachet, ces animaux disparus représentent les ancêtres disparus des enfants, dont l'existence reste pour eux mystérieuse et impalpable. Parmi ces ancêtres comme parmi les dinosaures il y avait des « gentils » et des « méchants », certains charriaient un passé lourd et obscur ayant entraîné des secrets de famille[2]. Les dinosaures symbolisent les influences transgénérationnelles, constructives ou négatives, dont les petits ne sont pas informés, mais qu'ils devinent inconsciemment. À la fois familiers et inquiétants, les dinosaures permettraient donc aux enfants de matérialiser le fantôme d'un éventuel drame familial ancien et de gérer leur héritage psychologique. Beaucoup d'enfants passent par une période de fascination pour ces animaux disparus, et scotchent parfois leurs parents par leur connaissance de noms scientifiques compliqués. Pas de souci pour les éducateurs : ces chers petits sont en pleine phase de dinothérapie.

1. *Journal of Allergy & Clinical Immunologie*, vol. 118, n° 3, septembre 2006.
2. Pascal Hachet, *Dinosaures sur le divan. Psychanalyse de « Jurassic Park »*, Aubier, 1998.

Le calme des poissons

On compte près de 35 millions de poissons d'aquarium en France. Les poissons habitent un autre monde. Dans l'élément liquide, leurs mouvements sont lents, onduleux et sensuels. Le spectacle de leurs va-et-vient, comme dans un film au ralenti, calme nos propres mouvements et notre respiration. C'est reposant. De plus, les poissons d'eau douce tempérée, et en particulier les poissons rouges, demandent peu de soins et d'attentions et conviennent à des personnes pressées et non spécialisées. Sous réserve d'être placés dans un grand aquarium, ils seront peut-être les animaux les moins malheureux parmi ceux qui sont maintenus en permanence dans une salle de classe ou un hôpital. Cet aspect pratique ne dédouane pas l'humain de quelques attentions visant à leur donner un minimum de confort : des distractions, de la variété dans leurs menus (afin de respecter leurs besoins de comportements de recherche de nourriture) ou des relations sociales, par exemple. Car les poissons ne sont pas si « bêtes » qu'on le prétend parfois[1]. L'idée reçue sur la « mémoire de poisson rouge », supposée ne pas dépasser trois secondes, ne repose sur rien de sérieux. Comme les poissons dans leur milieu naturel reconnaissent leur vaste territoire, l'animal en captivité se rappelle parfaitement le décor restreint de son aquarium et ne le redécouvre pas à chaque trajet. Il doit s'ennuyer terriblement. Les poissons rouges sont d'ailleurs capables d'identifier le son qui accompagne l'arrivée de leur nourriture, et l'attendent s'il se produit à heure régulière.

Le regard fixe des poissons nous fait croire à un manque total d'intelligence ou de sensibilité, ce qui est faux[2]. Malgré une certaine

1. Voir le passionnant ouvrage de Jacques Bruslé et Jean-Pierre Quignard, *Pas si bêtes les poissons. Scènes de leur vie intime* (Belin/Pour la Science, 2006).

2. L. U. Sneddon, V. A. Braithwaite et M. J. Gentle, « Do fishes have nociceptors? Evidence for the evolution of a vertebrate sensory system », *Proceedings of the Royal Society B*, 7 juin 2003.

pression de la corporation des pêcheurs, des chercheurs ont prouvé que ces animaux souffrent lorsqu'ils s'asphyxient hors de l'eau. La pratique du *no kill*, qui consiste à relâcher les poissons après les avoir capturés au moyen d'un hameçon, n'est pas aussi pacifique qu'elle en a l'air puisqu'elle les laisse mutilés, livrés ainsi au risque d'infections ou incapables de bien se nourrir. Même si la pêche à la ligne est un excellent exercice de méditation spontanée dans la nature, nous ne la recommanderons donc pas ici : la sérénité de l'un ne peut pas reposer sur la souffrance de l'autre, fût-elle celle d'un poisson.

Un animal à l'école

Une salle de classe dans laquelle trônent des plantes vertes et des animaux n'est pas une salle comme les autres : on y perçoit une profusion de vie qui prête à la curiosité et à l'étude. Les enfants s'y sentent bien, et les animaux, s'ils sont bien eux-mêmes, donneront des leçons irremplaçables par leur présence. Tout repose sur la motivation et l'investissement de l'enseignant ou enseignante, car ces animaux doivent être soignés régulièrement même pendant les vacances, il y a donc toute une gestion à assurer, ainsi que le respect de l'hygiène et des conditions de vie des pensionnaires.

Des espèces lentes et petites, comme les phasmes ou les escargots, pourront supporter la captivité dans un grand terrarium. Pour les poissons, c'est un grand aquarium qui leur permettra de se mouvoir : dans de nombreux pays, le bocal rond est interdit tant il leur convient peu. Dans une école située à la campagne, des bestioles prélevées alentour permettront aux écoliers de les découvrir de près quelques jours et de connaître leur patrimoine naturel, première étape indispensable pour avoir un jour envie de le protéger. Puis les animaux seront relâchés là où ils ont été recueillis. Même dans une école en ville, une simple araignée qui s'aventure à faire sa toile peut offrir une bonne occasion d'observer son comportement, et de travailler sur des craintes irraisonnées (il faut juste prévenir les responsables du ménage...). Les enfants en sortiront grandis d'un respect pour les « sales gueules » et pour toutes les formes de vie. Des lapins ou des rats domestiques, contrôlés par un vétérinaire, donneront d'autres leçons. Une ratte qui met bas en pleine classe, et soudain c'est elle qui fait cours ! Un chat de passage ou un lapin peuvent se promener quelques moments en liberté dans la classe et se faire cajoler, ce qui sera bénéfique à des enfants en difficulté ou en mal d'affection. Le propre chien de l'enseignant ou de l'enseignante peut lui aussi participer à la vie scolaire. Il faut juste que l'animal ait le choix, et puisse se réfugier dans un endroit interdit aux enfants s'il en a envie, là aussi le message de respect est formateur. Ces apprentissages des phénomènes vivants et ces instants de complicité inoubliables marqueront les élèves et correspondent pleinement au rôle pédagogique de l'école. Les projets interactifs, les activités de dessin ou de recherches autour des animaux deviendront très motivés[1]. Les leçons ne seront pas uniquement des cours de biologie, elles seront aussi, ou d'abord, des leçons de vie. L'animal aide l'enfant à découvrir ses propres capacités autant qu'il aide l'adulte à découvrir l'enfant[2].

La seule limite reste le bien-être des animaux et le respect des lois, notamment sur le maintien en captivité d'espèces sauvages protégées ou exotiques. Il ne s'agit pas non plus d'alimenter le commerce avec des espèces difficiles, trop vives ou trop volumineuses, qui supporteraient mal l'enfermement.

1. Voir Hubert Montagner (dir.), *L'Enfant, l'animal et l'école*, Bayard/Afirac, 1995.

2. Annie Eckerlin et Jean-Claude Filliâtre, « L'animal, un médiateur pour découvrir l'enfant », dans Hubert Montagner (dir.), *L'Enfant, l'animal et l'école*, *op. cit.*

Avoir un animal original ?

Presque toutes les espèces animales peuvent théoriquement être convoquées pour le pouvoir bienfaisant de leur présence : souris, rats, hamsters, poissons rouges, pigeons, perroquets, dromadaires, éléphants... Cela dépend aussi de nous, de notre approche, de notre écoute. Certaines sont domestiquées depuis des siècles et supportent la captivité, d'autres pas.

Les espèces exotiques originales, ou NAC (nouveaux animaux de compagnie), ne sont généralement pas faites pour vivre enfermées et ne sont pas heureuses. Pour un plaisir égoïste de fascination, on vide la nature pour remplir les terrariums de reptiles, de grenouilles, d'oiseaux, d'araignées ou d'insectes venus d'ailleurs : c'est une catastrophe pour la survie de ces espèces. Quand on pense aimer les animaux, il y a sûrement mieux à faire qu'alimenter leur trafic.

Dialoguez avec les bêtes

> « L'homme a un grand pouvoir de parole, mais la plus grande partie en est vide et trompeuse. Celui des animaux est petit, mais ce peu est utile et vrai. Or, une chose petite et sûre vaut mieux que beaucoup de fausseté. »
>
> Léonard de Vinci, *Carnets*.

Pour bien communiquer avec les animaux et nouer des relations harmonieuses avec eux, il faut d'abord essayer de les comprendre. Nous ne vivons pas dans le même monde parce que nous en avons des perceptions très différentes. Les autres mammifères distinguent moins de couleurs que nous, les oiseaux les voient mieux. Les sauterelles entendent avec les pattes, les papillons sentent avec les antennes, les mouches goûtent avec les pieds. Les mammifères (qui nous sont les plus proches) communiquent peu avec les sons, mais ils fonctionnent plus au flair que nous : nous disons « Je te vois », quand le chien et le chat diraient plus « Je te sens ». Bref, essayons de nous mettre à leur place.

Les mammifères sont extraordinairement sensibles au langage corporel et, pour la plupart, ils évitent le regard, tout comme les autistes. C'est une des raisons principales pour lesquelles la zoothérapie fonctionne bien avec ces derniers. Temple Grandin, une célèbre autiste, affirme que, comme elle, les animaux pensent essentiellement avec des images[1]. Ce point commun et sa sensibilité aux détails font qu'elle sait se mettre à leur place. Devenue professeure de zootechnie et de sciences animales, elle s'occupe d'améliorer leur bien-être dans les élevages de bétail ; elle a ainsi fait modifier la moitié des abattoirs aux États-Unis. Temple Grandin, qui milite à la fois pour le droit des autistes et pour le bien-être animal, s'est vite rendue très médiatique[2]. Elle a montré qu'il existe des ponts entre les animaux et nous, des correspondances auxquelles nous ne pensons pas toujours. Les avancées de l'éthologie (la science du comportement animal) nous ont donné des clés pour nous ouvrir au monde animal. D'autres portes plus mystérieuses nous sont proposées avec la communication intuitive.

Si nos préjugés ont longtemps dénigré et infériorisé les animaux, le regard que nous portons sur eux est heureusement en train de changer. Mais regarder les animaux le plus possible pour ce qu'ils sont réellement est un exercice difficile, qui demande beaucoup d'observation et de lucidité.

Parlons comme des chiens

Instinctivement, nous parlons à nos compagnons comme aux nourrissons : avec une petite voix aiguë, sans doute parce que le grondement d'une voix grave peut être vécu telle une menace. Comme les bébés, les toutous et les matous semblent interpellés par ce ton, que les éthologistes appellent le *doggerel*.

Gestuellement aussi, il nous arrive de « parler chien » sans le savoir ! Chacun connaît la mimique canine d'invitation au jeu : les pattes avant plaquées au sol et le derrière en l'air, queue agitée, prêt à bondir. Instinctivement, nous abordons une posture très semblable pour convier un chien à jouer avec nous : penché vers

1. Voir Temple Grandin et Catherine Johnson, *L'Interprète des animaux*, Odile Jacob, 2006.

2. Voir le téléfilm *Temple Grandin* de Mick Jackson (2010), avec l'actrice Claire Danes.

lui jambes fléchies, les bras (donc les pattes avant) sur les genoux, frappant les mains. C'est ce que l'anatomie humaine peut faire de plus ressemblant.

À l'inverse, les chiens et les chats ont adapté un langage particulier qui ne s'adresse qu'aux humains, et que nous décryptons spontanément. Ils parlent une langue étrangère ! Les chiens savent moduler leur voix spécifiquement pour nous quand ils sont en demande de nourriture ou de câlins : ils utilisent une musicalité proche de celle des enfants humains dans la même situation de demande. Quant aux félins, la similitude entre leur voix et celle d'un bébé humain est encore plus troublante, au point qu'un parent peut être trompé par un miaulement. L'explication est logique : au cours de leur histoire auprès des humains, les animaux ont évolué. Les plus bavards et les plus aptes à nous comprendre ont été sélectionnés, et leur faculté d'imitation a fait le reste. Aujourd'hui, les chats adultes ont un langage adapté aux humains : ils ne miaulent que pour nous ! En effet, le miaulement est normalement utilisé entre les chatons et leur mère et disparaît des communications entre adultes. De plus, lorsqu'ils s'adressent à nous, leurs modulations sont incroyables : on peut distinguer les appels interrogatifs, impératifs, angoissés, joyeux, etc.

Enfin, les mammifères qui nous côtoient depuis des millénaires, tels que le chien, le chat ou le cheval, sont capables de supporter notre regard sans l'interpréter comme une menace, ce qui facilite la connexion et le dialogue. Le dauphin et le perroquet présentent les mêmes facultés, ce qui les a parfois mobilisés en zoothérapie.

Sensibles au langage gestuel le plus subtil, à des odeurs et à bien d'autres informations que nous ne percevons pas, les animaux nous comprennent probablement mieux que nous ne les comprenons. En effet, les chiens savent très finement décrypter les expressions de notre visage et se montrent eux-mêmes plus expressifs lorsque nous les regardons.

La communication non verbale comprise par le cheval Hans le Malin (voir page 230), par nos animaux domestiques et par les nourrissons reste pour nous très peu développée. Pourtant, certains d'entre nous comprennent les bêtes et parlent avec elles...

La communication intuitive

Aussi incroyable que ça puisse paraître, de nombreuses personnes affirment dialoguer télépathiquement avec des animaux et obtiennent des résultats surprenants : on comprend soudain les causes de la déprime d'un animal, on dénoue des quiproquos entre lui et son humain, on devine des maux secrets de l'un ou de l'autre et on les guérit. Plusieurs enquêtes, documentaires audiovisuels ou livres en témoignent[1]. On appelle cet échange « la communication intuitive ». Elle se pratique beaucoup avec les chevaux, mais également avec tous les animaux domestiques et sauvages, y compris les minuscules. En dehors des pionnières américaines Penelope Smith, Carole Gurney ou Martha Williams, en Europe francophone Laila del Monte est la plus médiatisée de ces télépathes, mais on pourrait en citer bien d'autres (Anna Evans, Fabienne Maillefer, Ariane Troubat, Isabelle Girard, Sophie Perron, etc.), ce qui montre à quel point cette pratique est vivante et en plein essor.

Nous serions *a priori* toutes et tous aptes à communiquer intuitivement avec les animaux ; des stages d'initiation ou de perfectionnement nous permettent d'expérimenter cela. Les techniques varient, mais une séance commence de manière générale par une méditation qui met en état de réceptivité sensitive. Devant un animal ou une photo d'animal, il s'agit ensuite de lui demander d'entrer en contact avec lui, puis de laisser venir les images, les émotions ou les pensées. Pour éviter une confusion entre de réels échanges intuitifs et des projections, des stagiaires proposent une

1. Voir la bibliographie « Communication animale » page 260 ; Alain Aix, *Il ne leur manque que la parole*, 2001 ; Stéphane Allix, *L'Intelligence dans la nature. Ils parlent aux animaux*, 2011 ; Vincent Fooy, *Dans la peau des animaux*, 2015...

photo de leur propre animal aux autres personnes afin de pouvoir confirmer ou non ce qui a été ressenti. Les impressions justes dépassent largement ce qui serait dû au hasard, et elles s'affinent avec l'expérience. Au cours de ces séances, les révélations sur l'intelligence des animaux, leur sensibilité, leurs besoins secrets et leur bienveillance à notre égard sont extrêmement émouvantes, les larmes sont fréquentes. Si l'expérience vous tente, et pour éviter les illuminés, une fois de plus c'est le bouche-à-oreille et la réputation des organisateurs (et votre petite voix intérieure) qui vous permettront de sélectionner des stages intéressants.

Ces paroles du chef amérindien Luther Standing Bear montrent à quel point les peuples proches de la nature savaient dialoguer avec elle : « Ces relations qu'ils [les Amérindiens Lakotas] entretenaient avec tous les êtres sur la terre, dans le ciel ou au fond des rivières étaient un des traits de leur existence. Ils avaient un sentiment de fraternité envers le monde des oiseaux et des animaux qui leur gardaient leur confiance. La familiarité était si étroite entre certains Lakotas et leurs amis à plumes ou à fourrure, que, tels des frères, ils parlaient le même langage[1]. »

1. *Pieds nus sur la Terre sacrée*, *op. cit.*

Promenez le chien

> « Les chiens m'ont tellement appris. Les chiens sont fidèles et vous donnent un amour inconditionnel. Je ne peux imaginer l'idée d'un monde sans eux. »
>
> Jane Goodall[1].

Notre histoire avec le chien est la plus ancienne association que nous ayons nouée avec un animal. Bien avant toute autre espèce, voici sans doute plus de 30 000 ans, des loups anciens (différents de notre loup gris actuel) se sont un jour rapprochés de nous, probablement en Chine d'après les analyses génétiques. Notre aventure commune allait se répandre sur le monde et ne jamais s'arrêter. Dans une grotte de Sibérie, les restes d'un canidé qui n'était plus vraiment un loup ont été estimés à au moins 33 000 ans, moment supposé de la séparation des deux espèces[2]. Plus près de nous, les restes d'un des plus vieux chiens connus, datés de 31 700 ans, ont été découverts dans une grotte

1. Interview réalisée par le Jane Goodall Institute, 11 juin 2015 : à la question « Quel est votre animal préféré ? », la primatologue avait répondu : « Le chien. », www.youtube.com/watch?v=vJIIzkTgruM

2. Les dates sont difficiles à prouver, car plus on remonte dans le temps, plus les différences entre loup et chien deviennent délicates à déterminer. Pour certains, la première trace avérée de domestication est un fragment de mâchoire de 15 000 ans trouvé en Suisse, pour d'autres c'est au moins 30 000 ans.

en Belgique. Il devait ressembler à un gros husky sibérien doté de dents de loup[1].

Les théories expliquant la « domestication » du loup sont nombreuses, et nous n'en saurons jamais exactement les vraies raisons. Selon l'une des plus anciennes propositions, notre rencontre aurait eu lieu au cours de chasses en commun, car *Homo sapiens* est le seul primate qui traque couramment ses proies en groupe, comme les canidés[2]. De ces comportements similaires et de cette intelligence sociale serait venue notre complicité, mais cette hypothèse ne fait pas l'unanimité. Certains pensent plutôt que les loups se seraient rapprochés des campements humains pour profiter des restes et auraient acquis la capacité de digérer l'amidon, ce qui a participé à leur transformation. Le prestige social de posséder un animal a peut-être joué aussi. On a également avancé que des louveteaux ont été adoptés et allaités par des femmes, ce qui se pratique dans de nombreuses ethnies. Les animaux auraient été des compagnons de jeux des enfants et se seraient progressivement installés parmi les humains, devenant des vigiles utiles.

Tout cela est vraisemblable, mais dans le fond, doit-on s'étonner de ce rapprochement entre deux espèces ? Les relations interspécifiques, et même les associations, sont légion dans la nature : pique-bœufs et buffles, poissons-clowns et anémones de mer, fourmis et pucerons, plantes et champignons, fleurs et insectes butineurs, etc. Notre association avec le loup n'en est qu'une parmi des dizaines de milliers.

Toujours est-il que des loups anciens ont peu à peu évolué en chiens, exerçant divers « métiers » jusqu'à aujourd'hui, où ils sont essentiellement devenus des animaux de compagnie.

---

1. Pour le spécialiste David Mech, l'entente entre les loups et les humains remonterait à près de deux millions d'années, la cohabitation étant attestée par de nombreux ossements au même endroit, notamment à Tautavel.

2. Les observations de l'éthologiste Shirley Sturm montrent une coordination des actions de chasse chez les babouins. Les chimpanzés mènent également des opérations de groupe.

La sélection artificielle a permis à une étonnante diversité génétique de s'exprimer, avec 342 races reconnues au niveau international. D'un point de vue évolutif, le toutou est gagnant par rapport à ses cousins sauvages : comme aux États-Unis, le nombre de loups libres en France est dérisoire par rapport au nombre de chiens. Les loups sont toujours considérés comme des indésirables et sont par conséquent persécutés, notre pays n'étant d'ailleurs pas le dernier à se laisser aller à la violence. De son côté, le chien a longtemps été le serviteur de l'être humain ; il a beaucoup été et est encore martyrisé, comme en Chine ou à La Réunion[1]. Mais dans des pays où la nature manque, il se fait une place de roi sur les coussins de nos canapés, nourri et chouchouté : il a gagné.

Faut-il pour autant parler de « domestication » ? On pourrait préférer le terme de « coévolution », car cette domestication est réciproque. Sans les chiens, nous ne serions en effet pas les mêmes. Nous avons nous aussi évolué en fonction de nos partenaires. La bipédie nous ayant éloigné du sol, et sans doute entraîné une dégradation de l'odorat, nous avons eu besoin de leur flair pour repérer des proies qui auraient été inaccessibles sans eux. Nous avons également profité de leur vigilance pour garder nos troupeaux, ou de leurs dents pour protéger nos habitations et nos biens. Cette coévolution a permis une merveilleuse complicité entre nos deux espèces. Désormais, le chien décode mieux la gestuelle humaine que ne le ferait un chimpanzé ! Nous nous comprenons d'un regard, sans besoin de longs discours, tel un vieux couple qui a traversé les siècles. Quand un humain et son chien se regardent, les deux êtres déclenchent une poussée réciproque d'ocytocine, cette hormone de la tendresse dont nous avons toutes et tous tant besoin.

---

1. Voir le livre du chanteur Dave et de Patrick Loiseau, *Ma chienne de vie* (Robert Laffont, 2016), sur leur chienne Chance, sauvée du calvaire des chiens utilisés comme des hameçons à La Réunion et embrochés vivants pour la pêche au requin.

Vraiment sympa, le toutou !

Être « sympathique » veut dire, littéralement, « souffrir avec », c'est-à-dire comprendre la douleur d'autrui. Davantage tourné vers les autres que vers lui-même, le chien est un champion de la sympathie : plus que tous les autres animaux, il est sensible aux émotions des humains. Une expérience a montré que les toutous réagissent à des personnes faisant semblant de pleurer, même s'ils ne les connaissent pas, et cherchent à les consoler en frottant leur truffe contre elles et en les léchant. D'autres études ont montré que les chiens comprennent mieux certains de nos gestes que les singes, pourtant nos plus proches parents : ils comptent parmi les seuls mammifères (avec les éléphants, qui communiquent naturellement avec leur trompe) capables de se diriger vers un objet désigné par le doigt, aptitude appelée *pointing*[1].

Le chien est un révélateur de vos humeurs, il vous reflète et matérialise vos pensées. Regardez son œil triste ou son regard vif, il vous indique souvent votre propre état d'esprit. À la longue, les états d'âme quotidiens de l'humain imprègnent son compagnon à quatre pattes, d'où cette impression de ressemblance parfois entre les « maîtres » et leur chien. Une joyeuse ambiance fera un animal joueur, une atmosphère dépressive donnera un chien triste. Cette responsabilité ne doit pas vous culpabiliser, mais au contraire vous offrir une motivation pour aller mieux, ne serait-ce que pour votre chien : il suivra automatiquement le moindre changement, et par un effet boule de neige, c'est lui qui vous aidera à aller mieux, et ainsi de suite.

---

1. ZsófiaVirányi, Márta Gácsi, Eniko Kubinyi, József Topál, Bea Belényi, Dorottya Ujfalussy et Ádám Miklósi, *Comprehension of Human Pointing Gestures in Young Human-reared Wolves (*Canis lupus*) and dogs (*Canis familiaris*)*, Animal cogn., 2008.

La promenade c'est gagnant-gagnant !

Un chien doit être promené plusieurs fois par jour. C'est une astreinte peut-être, mais qui a de multiples vertus ! D'après plusieurs études[1], avoir un toutou, c'est pour un sénior 12 % d'exercice en plus, et une bonne santé prolongée jusqu'à 10 ans ! Si elle est pratiquée au moins une heure par semaine, une activité physique modérée comme la marche contribue à prévenir l'infarctus[2]. Le cœur mieux entraîné récupère mieux après une attaque cardiaque, et la mortalité est diminuée chez les personnes vivant avec un chien. Elles possèdent aussi généralement des os plus forts ; les personnes âgées courent ainsi moins de risques de rupture du col du fémur. Cet entretien quotidien maintient en forme, dérouille tout le corps et prévient les chutes. De plus, pour une personne souffrant de solitude, la promenade du chien rythme la journée et ponctue une vie insuffisamment remplie avec des rituels attendus.

Pour les timides de tous les âges, se balader avec un chien permet d'attirer les regards et les paroles sans avoir à faire d'effort, ni pour engager le dialogue car l'animal attire la confiance, ni pour trouver un sujet de conversation, car celui-ci est tout trouvé : quel âge a ce beau toutou ? de quelle race est-il ? comment s'appelle-t-il ? etc. Avis aux célibataires timides, les rencontres sont grandement facilitées. Des sociologues ont montré qu'un adolescent a trois fois plus de chances d'être abordé par ses pairs s'il promène un chien[3]. À se demander si, parfois, ce n'est pas le chien qui promène son humain... C'est à tel point qu'à Central Park, à New York, on peut louer des chiens à l'heure,

1. Zhiqiang Fenga *et al.*, « Dog ownership and physical activity in later life », *Preventive Medecine*, n° 66, juin 2014, pp. 101-106 ; A. L. Curl *et al.*, « Dog walking, the human-animal bond and older adults' physical health », *The Gerontologist*, vol. 57, n° 5, mars 2016.

2. Lemaitre et Siscovick, 1999.

3. Cité dans Philippe Hofman, *Le chien est une personne*, *op. cit.*

histoire de se donner des chances de trouver l'âme sœur ! Il existe désormais des sites de rencontres organisant des événements entre possesseurs de chiens, ce qui est un bon point de départ pour se trouver des affinités.

La joie explosive du chien lorsqu'on sort sa laisse ne laisse aucun doute sur son enthousiasme, et ce plaisir est si communicatif qu'il nous rend heureux nous-mêmes. N'oublions pas que pour le chien, la balade est bien plus qu'une sortie pour se dégourdir les pattes et faire ses besoins. C'est aussi le seul moment de contacts avec des congénères que l'on accorde à cet animal social. Le toutou rencontre les autres et peut jouer avec. Il renifle aussi les déjections des collègues, qui pour lui sont riches de renseignements. En quelque sorte, il relève sa messagerie pour se tenir au courant de la vie locale, et dépose ses propres messages parfumés. Il s'agit d'un véritable réseau Internet canin ! Promener un chien, c'est du donnant-donnant.

Rendre un chien heureux

Animal sociable, le chien a besoin de compagnie. Si vous êtes souvent absent cela peut être difficile pour lui, même s'il bénéficie de beaucoup d'espace. Certains compensent l'ennui en dormant, mais il vaut mieux dans ces conditions se poser la question d'avoir ou non un animal, ou au contraire d'en adopter plusieurs. Un chien doit parcourir un territoire pour ses besoins : il n'appréciera pas d'être obligé de les faire dans un carré de jardin s'il y passe beaucoup de temps. Un chien des villes promené régulièrement sera plus heureux qu'un chien de campagne cloîtré dans un bout de pelouse. S'il a de la compagnie, des promenades lui permettant des jeux et des contacts avec des congénères et une bonne nourriture, votre chien a toutes les chances d'être parfaitement heureux.

Testez la ronronthérapie

« À fréquenter le chat, on ne peut que s'enrichir. »

Colette.

Notre histoire commune avec le chat remonte à environ 10 000 ans dans plusieurs régions du Croissant fertile. Si le terme de « domestication » est souvent inapproprié, il l'est encore plus avec les félins. Vraisemblablement, c'est le chat qui a décidé de lui-même de son rapprochement vers les humains, et surtout vers les rongeurs fréquentant les premières réserves de grains du néolithique. Le félin a sans doute été notre première arme de « lutte biologique » contre un ravageur. Se rendant utile en éliminant les souris, mais aussi les serpents ou les scorpions, il a gagné l'acceptation des villageois, et sa présence s'est faite plus constante[1]. Il a longtemps été tenu relativement à distance des

1. Ces premières sociétés d'éleveurs-agriculteurs considéraient comme légitime d'apprivoiser des animaux et de les garder pour leur usage car ils devaient les voir comme inférieurs. Leur conception du monde était vraisemblablement fondée sur une hiérarchie dans la nature, avec un ou des dieux au-dessus de leur tête, et les animaux à leurs pieds. Ce sont ces éleveurs-agriculteurs qui ont fondé notre civilisation. Plus intimement liés à leur milieu naturel, les chasseurs-cueilleurs, quant à eux, estimaient qu'ils n'étaient qu'un maillon de la nature. Ils faisaient appel à des shamans pour médiatiser le lien avec celle-ci.

foyers, et il a gardé son caractère : son génome contient très peu de différences avec son cousin sauvage, beaucoup moins que le chien avec le loup. La magie de son ronronnement et son charisme de sage bouddhiste, comme les jeux si amusants des chatons, ont certainement contribué aux rapports privilégiés qu'il entretient désormais avec les humains.

Le chat est resté double, mêlant sa vie naturelle de prédateur indomptable à un sens certain du confort, où il est tout à fait à sa place sur des coussins près du chauffage, et près de vous : « Les chats sont prodigues d'attentions et peuvent faire preuve d'un fort attachement émotionnel. Sinon, pourquoi voudraient-ils être toujours dans la même pièce que vous ? », nous rappelle en effet le primatologue Frans de Waal dans *L'âge de l'empathie*. Bien qu'il soit attaché à ses humains, le chat peut se montrer désobligeant quand ce n'est pas l'heure des caresses : il est un moyen sûr pour calmer nos excès d'ego. Chez les félins, les caractères sont parfois très différents les uns des autres. Certains sont de vrais pots de colle et ne vous lâcheront pas d'une pantoufle, exigeant des câlins jour et nuit ; d'autres griffent quand on les caresse, car le geste devient vite désagréable pour eux. Bref, le chat n'est pas un diplomate. C'est lui qui décide. Il vous donne vite l'impression que c'est vous qui habitez chez lui, et non le contraire. Et pourtant, c'est un cadeau. Il a aujourd'hui la faveur des Français, avec plus de 13 millions de représentants contre 8 millions de chiens.

Par rapport aux autres félins, qui sont tous en voie de disparition – y compris le lion –, le chat a réussi. On en compterait aujourd'hui 400 millions sur la planète, dont la moitié dans des foyers. Plus qu'un animal de compagnie, c'est maintenant un phénomène de société, un véritable culte, vedette d'une *cat mania* en pleine expansion de par le monde.

En dehors de sa beauté, une des raisons du succès du chat est son aspect pratique : grâce à sa petite taille, il est aisément transportable. Il est propre et ne demande pas à être promené, ce qui convient à des séniors peu mobiles. Il joue aussi un rôle particulier : comme il vient volontiers sur les genoux, il offre sa chaleur, son moelleux, son odeur et les vibrations agréables de ses ronrons. Et comme tout animal, il est un sujet unificateur des conversations dans la famille et consolide les liens sociaux.

Un chat – ou plusieurs – à la maison, c'est un doc en direct, instructif, câlin et attendrissant. Un chat qui dort, souvent dans des positions incroyables de souplesse et de zénitude, c'est un spectacle. Un chat qui se cache dans un sac et ne laisse dépasser que sa frimousse, c'est un spectacle. Un chat qui boude, figé comme une statue, c'est un spectacle. Un chat qui fouine dans le jardin ou sous un meuble, c'est un spectacle. Un chat qui en rencontre un autre, c'est un spectacle. Un chat qui minaude pour attirer l'attention, un chat qui joue, qui s'étire, qui regarde par la fenêtre ou qui ronronne, c'est encore un spectacle. Un chat à la maison, c'est toujours un spectacle.

Le chat, maître zen

Le chat n'a pas de problèmes d'insomnies. En dehors de ses petits moments de jeux fulgurants, il passe près de 16 heures par jour à dormir, avec des expressions de zénitude très communicatives, et beaucoup de temps dans des positions de sphinx où il semble méditer. Et peut-être comprendre. Un proverbe égyptien millénaire nous dit : « Lorsque tu penses, le chat t'entend, même si tes lèvres ne bougent pas et si ta bouche ne prononce aucun mot. Il lit en toi avec le regard des dieux[1]. »

D'après les adeptes du feng shui, le chat ne s'arrête pas par hasard lorsqu'il s'installe à un endroit précis de la maison. Il choisirait souvent des zones en désordre pour purifier le « *chi* négatif » qu'il y a décelé, le *chi* étant dans les médecines chinoises une énergie universelle qui circule partout, dans l'environnement, notre corps et notre esprit. Les emplacements qu'il a choisis vous

1. Cité dans Véronique Aïache, *Les Pouvoirs des chats*, Le Courrier du Livre, 2016.

indiqueraient là où il faut opérer un changement pour fluidifier la circulation du *chi*[1]. Le félin apprécie aussi les endroits bien chauffés, les hauteurs et les fenêtres, d'où il peut regarder vivre le monde et voler les oiseaux.

Lorsque vous le caressez, vous vous déchargez électriquement de vos émotions négatives. Pas de problème, il les absorbe. Lorsque maître chat a décidé de se poser sur vous, vous êtes ravi, et vous n'osez plus bouger. Mais il vous oblige à faire une pause et il vous apaise. C'est un coussin chauffant, il pourrait soulager des douleurs chroniques par thermothérapie. Le contact quotidien avec un chat, les caresses (voir l'encadré « Les vertus de la caresse », pages 193-194), la zénitude, mais aussi une exposition à des molécules qui boostent le système immunitaire, en font une véritable assurance-vie[2]. Parce qu'il a un pouvoir calmant, le chat est également utilisé en zoothérapie dans les prisons, où il désamorce l'agressivité de certains délinquants et leur permet même d'exprimer secrètement une tendresse contenue.

La ronronthérapie

Le terme « ronronthérapie » a été inventé par un journaliste à la suite des recherches du vétérinaire Jean-Yves Gauchet. Il est tellement parlant qu'il a vite été médiatisé. En avril 2002, le vétérinaire découvre une étude statistique de l'association Animal Voice montrant que les chats guérissent cinq fois mieux que les chiens après une lésion ou une fracture. La différence entre les uns et les autres, c'est le ronron, qui aurait un effet réparateur.

Les vibrations du ronronnement émettent une fréquence de base de 25 à 50 Hz et des harmoniques variant entre 25 et 150 Hz. Comme par hasard, ce sont les vibrations de 25 à 50 Hz qui favorisent la guérison des lésions osseuses, et qui sont d'ailleurs

1. Alison Daniels, *Le Chat feng shui*, Flammarion, 2001.
2. Katcher et Beck, 1983.

utilisées par les orthopédistes. Depuis ces études, des kinésithérapeutes utilisent des enregistrements de ronron pour favoriser la cicatrisation osseuse. D'autre part, les vibrations comprises entre 25 et 150 Hz atténuent les douleurs, celles de 2 à 100 Hz restaurent les muscles, et celles de 120 Hz soignent les lésions tendineuses[1]. Le ronronnement est donc un réparateur efficace, mais peut-être aussi un antidépresseur : ses vibrations déclencheraient des productions d'endorphines, de sérotonine et de dopamine (voir l'encadré « Petit guide de nos drogues naturelles », pages 41-42) qui nous relaxent, apaisent nos douleurs et nous mettent de bonne humeur. Enfin, ses basses fréquences sont les mêmes qu'utilisent les compositeurs de musique, et sont des stimulatrices d'émotions, voire d'empathie. On les retrouve encore dans le « om » émis par les yogis en méditation, vibration primordiale de l'univers dans la tradition hindouiste. Nous ne percevons pas ces basses fréquences que par les tympans : des récepteurs sensoriels de la peau appelés « corpuscules de Pacini » les perçoivent également et transmettent des sensations de bien-être à notre cerveau. On ne s'étonnera pas de savoir que, lorsqu'un chat vient ronronner sur le ventre d'une femme enceinte, le bébé se calme et arrête de donner des coups de pied...

Le ronronnement est une énigme. Les félins ne sont pas les seuls à les produire, des genettes ou des hyènes y parviennent. Parmi les félidés, ceux qui rugissent seraient incapables de ronronner en continu à cause d'un os de la gorge, l'hyoïde, et ne le feraient qu'à l'expiration. Le ronron continu le plus puissant est celui du puma, perceptible à plus d'un kilomètre ! On ne connaît pas exactement le mécanisme du ronronnement. Il s'agirait d'une activation intermittente du larynx ainsi que du diaphragme, ou de remous sanguins dans la veine cave qui feraient vibrer le corps entier, mais la question n'est pas tranchée[2]. S'il demande de la nourriture, le chat peut ronronner à plus haute fréquence que

1. Joël Dehasse, *Tout sur la psychologie du chat*, Odile Jacob, 2005.
2. Véronique Aïache, *La Ronron Thérapie*, Le Courrier du Livre, 2014 [2009].

la normale, appel auquel l'humain est sensible. Les félidés sont capables d'émettre d'autres sons tout en ronronnant.

Le ronron est émis par les jeunes félins dès leurs premiers jours. Les chatons ronronnent pendant la tétée et répondent au ronron de la mère. Le ronron est associé au plaisir, mais pas uniquement, puisque des chats ronronnent pendant une opération ou un moment désagréable. Sa fonction serait plutôt un auto-apaisement, une caresse vibratoire réconfortante et réparatrice.

Des petites bêtes adorribles

Disons les choses franchement : avoir un ou des chats ne présente pas que des avantages, même pour les plus passionnés des catophiles. Les odeurs de litière ne sont pas top quand vous invitez des amis à un dîner... Les félins, surtout certaines races, perdent leurs poils et vous obligent à un ménage quotidien. Pour couronner le tout, ils sont terrifiés dès que vous sortez l'aspirateur, et vous n'avez aucune envie de les traumatiser. Pauvres rideaux et canapés, mis en charpie par un irrépressible besoin de faire ses griffes, là où Sa Seigneurie a décidé et nulle part ailleurs.

Autre gros, gros inconvénient : avec un animal nocturne dans la maison, sinon sur son lit, on prend de sérieux risques de se faire réveiller régulièrement. Pourtant, un tiers des « propriétaires » laissent leur chat dormir avec eux. Mais c'est peut-être le chat qui s'est imposé...

Enfin, les félins n'aiment pas les déménagements et peuvent poser problème pendant les vacances. Les immenses bonheurs offerts par les minous se méritent, et se paient un peu : les chats sont d'adorables calamités.

Un couple de chats peut théoriquement engendrer une descendance de 20 700 petits en quatre ans. Pour éviter la prolifération des chatons qui meurent de faim ou de maladie un peu partout : stérilisez-les ! C'est le meilleur service à rendre à l'espèce.

Protégez les petits animaux de la griffe des chats

De nombreux protecteurs de la nature, comme la plupart des chasseurs, n'apprécient pas les chats parce qu'ils représentent une sérieuse menace pour la petite faune sauvage. Des estimations des dégâts qu'ils commettent sur les rongeurs, mais aussi sur les oiseaux ou les amphibiens ne plaident pas en leur faveur : ils éliminent des milliards de petits animaux chaque année dans le monde. La raréfaction des rouges-gorges (qui nichent près du sol) ou des lézards est due aux chats, domestiques ou errants.

Vous ne voulez pas de chats dans votre jardin, mais vous ne leur voulez aucun mal ? Des naturalistes aimant les félins ont testé le jet d'eau, efficace mais difficile à manier, et ont opté pour les bouteilles en plastique pleines et ouvertes, plus faciles à lancer près de l'animal concerné. La leçon est assez vite apprise, sans dégât pour personne. Le truc marche aussi pour ceux qui voudraient éloigner un matou agressif avec leur félin favori. Il existe également des arroseurs munis d'un détecteur de mouvements[1].

Pour protéger les petits animaux sauvages du jardin, des grilles « stop chats » autour des zones fréquentées par les oiseaux ou des « stop minous » le long des troncs d'arbres sont efficaces sans être dangereuses pour les félins. Des colliers sont souvent préconisés, car les clochettes avertissent les proies, mais leur son aigu risque de perturber le félin. Même bien nourri, un chat garde son instinct de chasseur, et il a besoin de distraction : des jeux permettent de lui laisser exprimer ses pulsions. On peut aimer les oiseaux *et* les chats !

1. Renseignements sur le site de la LPO (Ligue pour la protection des oiseaux) : www.lpo.fr/images/detresse/chat_poster_a3_a.pdf ou www.lpo.fr/les-causes-de-detresse/predation-du-chat-domestique ; www.lpo.fr/images/detresse/causes/fm_predationchatdomestique_web.pdf

La joie de vivre par les « *lolcats* »

Regarder des « *lolcats* » (images de chats sur lesquelles on ajoute une légende humoristique), des gifs animés ou des vidéos de chatons, de temps en temps, ça détend les zygomatiques, ça fait fondre de tendresse, ça n'active que de bonnes pulsions. Futile ? Le phénomène est pourtant assez sérieux pour avoir fait l'objet d'une recherche académique : cette étude menée sur 7 000 personnes montre d'ailleurs que regarder des *lolcats* est bon pour la santé, fait autant de bien qu'une séance de ronronthérapie et permet de mieux travailler ensuite[1] ! Sur la multitude de vidéos circulant sur le Net, deux millions montrent des images de chats, et ce sont les plus regardées, avec une moyenne de 12 000 vues chacune (les vidéos pornos arrivent en premier en matière de quantité de vidéos, mais pas pour le nombre de visionnages).

Les *lolcats* sont un contrepoids à l'horreur que l'on trouve dans l'actualité et les médias, à ces souffrances qui nous entourent et qui nous écrasent. Vous n'en sortirez pas plus égoïste ni immoral, au contraire : reprenez un peu de joie de vivre avec des chatons rigolos, faites le plein de bienveillance, vous n'en serez que plus fort pour affronter l'adversité.

Et le sourire nous change en profondeur. De récentes découvertes montrent en effet que des régions du cortex impliquées dans l'humeur, et dans le contrôle des muscles faciaux ou de la posture du corps, sont reliées à nos glandes surrénales[2]. Les scientifiques constatent au passage que celles-ci assurent un dialogue entre le corps et l'esprit : le fait de sourire et de pratiquer des exercices de recentrage du corps comme le yoga réduit ainsi la production d'hormones du stress. Si les *lolcats* vous font sourire, ils contribuent à votre bien-être comme une séance de yoga !

---

1. « Emotion regulation, procrastination, and watching cat videos online: who watches Internet cats, why, and to what effect? », *Computers in Human Behavior*, nº 52, novembre 2015.

2. Strick, Dum, Levinthal, 2016.

Rendre un chat heureux

Animaux solitaires à l'origine, les chats ont plus besoin de compagnie et sont plus attachés à leurs humains qu'on le croit généralement. Ils aiment jouer et se distraire et ont besoin de stimuli. Si vous partez pour un moment, cachez de la nourriture dans des jouets prévus à cet effet, ce qui leur permettra d'avoir des comportements de recherche et de prédation. Si votre chat vit dans un petit appartement dont il ne sort pas, il faut lui recréer un peu de ses conditions de vie naturelles. Disposez des plateformes en hauteur pour agrandir son espace, dont au moins une près d'une fenêtre afin qu'il puisse s'occuper en observant ce qui se passe dehors. Il aime aussi sa tranquillité, il a besoin de refuges et de temps de pause, où personne ne l'atteindra. Mais quand il le désire, sachez caresser cet animal sensuel sur ses zones sensibles, les joues et le menton : il adore ! Et s'il est heureux, vous le serez aussi.

Consultez un cheval

> « Très loin, au plus profond du secret de notre âme, un cheval caracole. »
>
> D. H. Lawrence.

La fougueuse beauté du cheval et nos relations fusionnelles pendant des siècles en font un animal particulier de notre histoire et de notre imaginaire. Mais nos rapports ont commencé durement. Au cours de la préhistoire, le cheval a été une proie comme les autres, traqué pour sa chair. Magnifiquement dessiné sur les parois des grottes, il tenait déjà une grande importance dans l'esprit de nos ancêtres. Les premières traces de domestication remontent à environ 6 000 ans, identifiées dans plusieurs zones des steppes d'Eurasie. Puis des équidés ont servi pour des travaux de traction, et il a fallu attendre longtemps, peut-être un millénaire, avant que des inconscients aient l'idée saugrenue de monter sur leur dos. Grâce à sa puissance et à son endurance, le cheval a permis à l'homme de conquérir des espaces lointains et de s'installer progressivement un peu partout sur la planète[1]. Quand les chevaux sont revenus sur le Nouveau Monde au XVIe siècle (ils en avaient disparu à l'ère glaciaire), les Indiens, dont les mœurs étaient nomades, ont vu eux aussi leur culture bouleversée.

---

1. Voir Desmond Morris, *Le Cheval révélé*, Calmann-Lévy, 1994.

Exploités et maltraités, les équidés ont été les points de départ des mouvements de défense des animaux en Occident. C'est pour défendre les chevaux d'attelage brutalisés par des voituriers que les associations de protection animale ont vu le jour. L'Angleterre a fait le premier pas en 1824 avec la création de la Society for the Prevention of Cruelty to Animals (Société pour la prévention de la cruauté envers les animaux), suivie par la France en 1845 avec la SPA (Société protectrice des animaux), qui poursuivait les mêmes objectifs de défense des chevaux martyrisés. L'initiative a été soutenue par des personnalités comme Victor Hugo ou Guy de Maupassant. Les chats, les chiens et bien d'autres espèces peuvent dire merci à ces grands écrivains, et aux chevaux...

L'histoire de Hans le Malin, dans les années 1900, est un bon exemple du regard que l'on porte sur les équidés. Ce cheval était réputé pour ses prodiges : en tapant du sabot, il répondait à toutes sortes de questions et calculait avec une incroyable précision. Il donnait des spectacles publics, et ses dons en mathématiques interrogeaient la communauté scientifique. Des tests rigoureux finirent par révéler la vérité : Hans ne savait pas compter. Il était juste étonnamment observateur, hyper sensible aux réactions imperceptibles de la foule et de son dresseur, avec qui il avait sans doute des relations très empathiques. La déception générale à la révélation de ces tests a été si grande que Hans a mal terminé, probablement mangé par des soldats une fois envoyé sur le front. Double injustice de la part d'humains aussi impitoyables qu'hermétiques : ces facultés sensorielles révélées par Hans n'étaient-elles pas en soi un prodige d'intelligence émotionnelle, plus extraordinaire encore que la capacité de calculer comme une machine ? En tout cas, Hans « le Sensible », comme on devrait l'appeler, a été le premier animal soumis à des tests expérimentaux sophistiqués. Il a marqué l'histoire de la psychologie et de l'éthologie ayant inspiré ce qu'on appelle désormais le *Clever Hans effect*, portant sur les transmissions inconscientes, et il a soulevé le problème de l'existence d'une conscience animale. Encore une avancée qu'a permise le cheval...

Nos relations nouvelles avec le cheval

Après avoir été cheval de chair, de travail et de guerre, l'animal est désormais surtout utilisé pour le sport : l'équitation, qui n'est plus réservée à une élite. En nombre de licenciés, c'est le troisième sport le plus pratiqué en France, et le premier sport pratiqué par les femmes[1].

L'équitation actuelle est encore lourde d'un passé militaire fondé sur la domination, voire la brutalité. Dans de trop nombreux centres équestres, des moniteurs conseillent encore à leurs élèves de maîtriser les « montures », quitte à donner de la cravache. Mais nos rapports se sont affinés. Depuis une vingtaine d'années, l'équitation dite éthologique et le travail des « chuchoteurs » ont instauré des rapports beaucoup plus harmonieux avec le cheval, à l'écoute de son mode de fonctionnement naturel, et obtiennent des résultats spectaculaires de coopération. Les méthodes sont différentes, mais elles ont généralement un point commun : le chuchoteur fait en sorte que le cheval soit connecté à lui. Cela demande une grande connaissance de son fonctionnement naturel, et le résultat est étonnant : le cheval semble ne plus voir au monde que cet humain particulier, il est comme aimanté à lui, d'une docilité inattendue.

Le seul souci avec ces pratiques, c'est un esprit parfois très commercial. La plupart des centres, régis par des passionnés, ne présentent heureusement pas ces dérives.

Nos relations nouvelles de respect et de bonne intelligence avec les équidés ont donc permis l'émergence de l'équithérapie, de l'équicoaching et du développement personnel : après nous avoir eus sur le dos pendant des siècles, les chevaux doivent désormais soigner nos troubles et nous aider à mieux vivre.

1. Malgré une désaffection récente des centres équestres, certainement due à une augmentation de la TVA et des tarifs en 2015.

Un étonnant révélateur d'émotions

Lorsque l'on se trouve face à 500 kilos de force nerveuse impulsive, paniquant facilement, on ne peut pas tricher. Le cheval est à la fois doux, puissant et très émotif. Il nous oblige à tenir compte de ses réactions vives, il nous incite à dominer notre peur, à trouver en nous le calme et la patience. « Comportez-vous avec [les chevaux] comme si vous ne disposiez que d'un quart d'heure et il vous faudra toute la journée ; mais, en vous comportant comme si vous aviez tout votre temps, un quart d'heure suffira probablement », écrit le « chuchoteur » Monty Roberts[1]. La maîtrise du cheval passe donc par la maîtrise de soi : que l'on soit sur lui ou à côté de lui, il nous enseigne l'apaisement intérieur. Mais il fait plus : il rend visible l'invisible...

Proie potentielle de grands carnivores depuis des millénaires, le cheval a gardé ses instincts naturels de vigilance, de peur et de fuite. Il discerne le moindre changement dans son environnement, par exemple des battements cardiaques dans un rayon de 20 mètres. Dans le troupeau, si un animal perçoit un danger et réagit, il est instantanément imité par ses congénères, même ceux qui n'ont rien vu, et tous fuient ensemble. Leur survie en dépend. Cette faculté d'imitation immédiate leur est restée : chaque cheval synchronise automatiquement son rythme cardiaque, ses émotions et ses mouvements sur ceux de ses voisins. Il est un miroir des autres.

C'est cette capacité à refléter les émotions de son entourage qui fait du cheval un partenaire exceptionnel de thérapie et de développement personnel. Le cheval se règle sur vous. En matérialisant votre état intérieur par son comportement, il vous le fait visualiser et vous montre en quoi vous pouvez changer. Plus qu'un miroir, car il ne sera pas identique (si on se fâche, il ne se fâchera pas, il aura peur), le cheval est un révélateur d'émotions.

1. Monty Roberts, *Shy Boy*, Albin Michel, 1999.

Un cheval à votre chevet

L'équicoaching, ou coaching à l'aide du cheval, s'adresse aussi bien à des particuliers qu'à des groupes. Accessible aux non-cavaliers, cette pratique fondée sur la communication non verbale est réalisée à pied. Particuliers en recherche de mieux-être, cadres d'industrie ou équipes de salariés viennent prendre des leçons chez maître Cheval afin de dénouer des problèmes relationnels ou améliorer leur vie. Grâce à la surveillance sensible des coachs humains, les chevaux se révèlent de formidables déclencheurs d'émotions libératrices. Pour certains participants, c'est un choc révélateur. Dans leur livre *Équicoaching. L'intelligence émotionnelle au cœur de l'entreprise*, Jean-Paul Bérard, Arnaud Camus et Laurence Flichy décrivent une séance : « D'heure en heure, les masques tombent, les certitudes vacillent, les émotions jaillissent [...] Incapable de préjugés ou d'analyse, l'animal réagit de manière objective, neutre et immédiate[1]. » Ici on apprend par l'erreur, d'une manière forte, qui bouleverse les participants et les éclaire sur eux-mêmes. De gentils chevaux provoquent des larmes, des rires, des surprises, des prises de conscience ou des moments magiques et conduisent à une étonnante libération des participants. Ils leur permettent d'oser s'affirmer et de mieux maîtriser leur vie, de sortir de relations toxiques, d'expérimenter la puissance de la non-violence ou de développer leur sensibilité, leur intuition et leur créativité. Là encore, le cheval « piège » le participant dans ses propres comportements : un chef d'entreprise arrogant et trop sûr de lui n'obtiendra rien de l'animal, tandis qu'une personne sachant écouter trouvera les clés de la coopération.

Il existe différentes techniques de développement guidé par le cheval. Créée en 1997 aux États-Unis par Linda Kohanov, la méthode Epona (Epona Equestrian Services, ou Eponaquest)

1. Jean-Paul Bérard, Arnaud Camus et Laurence Flichy, *Équicoaching. L'intelligence émotionnelle au cœur de l'entreprise*, Actes Sud, 2016.

est pratiquée en France, en Suisse et en Belgique[1]. Selon Eva Reifler, instructrice formée à cette méthode, le cheval se sent mieux avec de la compagnie que seul[2]. Pour l'équidé, il est plus confortable d'être dominé. Il cherche une cohérence énergétique et émotionnelle avec l'humain qui est près de lui, et s'il sent un vrai engagement, il se montrera coopératif. Une fois connecté, il sera alors un véritable détecteur de mensonges. Ce don de lucidité a été confirmé par une expérience réalisée par des comédiens devant des équidés[3] : les timides jouaient aux autoritaires, et les autoritaires faisaient les timides. D'abord interloqués, les chevaux se sont vite comportés selon la personnalité réelle de chaque acteur. En effet, nous parlons constamment avec le corps, comme les animaux, même si nous ne savons plus l'écouter. Le cheval le peut et décrypte très finement nos comportements. Selon Eva Reifler, son langage est non verbal à 100 %, celui de l'humain l'est à 93 % : même lorsque l'on parle, le ton de notre voix transmet lui aussi un message non verbal. L'instructrice raconte qu'au cours d'une séance, six chevaux s'étaient couchés, ce qui n'arrive jamais : une personne très dépressive était présente, ce qu'ils avaient parfaitement perçu, et ils avaient réagi à leur manière. Avec le cheval on ne triche pas, et ainsi, on avance.

---

1. Linda Kohanov est l'auteure de nombreux ouvrages dont certains ont été traduits en français, tels *Le Tao du cheval* (Le Courrier du Livre, 2014), *Comme les chevaux... ensemble et puissants* (Le Courrier du Livre, 2015) ou encore *La Voie du cheval* (Le Courrier du Livre, 2016).

2. Communications personnelles de l'auteur au cours d'une rencontre avec les JNE (Journalistes/écrivains pour la nature et l'écologie), au centre Visionpure le 3 février 2017 : www.jne-asso.org/blogjne/2017/02/05/visite-jne-au-centre-visionpure-dans-le-vexin-a-lecoute-des-chevaux-et-de-soi/ ; Eva Reifler a fondé avec Éric Winckert le centre Visionpure en 2008 à Frémécourt, dans le Vexin, non loin de Paris.

3. Jean-Paul Bérard, Arnaud Camus et Laurence Flichy, *Équicoaching. L'intelligence émotionnelle au cœur de l'entreprise*, *op. cit.*

Les prouesses de l'équithérapie

Zoothérapie menée avec des équidés, l'équithérapie est particulièrement destinée aux handicapés moteurs et mentaux, aux autistes, ou encore aux délinquants et aux prisonniers. Les jeunes délinquants, potentiellement violents, doivent affronter un animal beaucoup plus fort qu'eux et qui peut lui aussi s'avérer violent, sans que ce comportement soit malveillant. Ils ne peuvent pas rivaliser sur le terrain de la force et doivent chercher en eux de la douceur, qui existe également chez le cheval, pour se trouver en phase avec lui. La stature massive du cheval se fait rassurante et produit un apaisement étonnant chez des jeunes traumatisés, qui oublient leurs réflexes destructeurs et se responsabilisent, s'ouvrent et grandissent. De la même manière, les équidés obligent des prisonniers à sortir des rapports de force pour communiquer autrement. La médiation animale avec des chevaux obtient d'excellents résultats dans les établissements pénitentiaires, comme cela se pratique par exemple à Tarascon.

La justesse de perception et d'adaptation des équidés est réellement extraordinaire. Un cheval récalcitrant avec ses cavaliers habituels peut se révéler soudain étrangement docile s'il est monté par une personne atteinte de trisomie ou d'un handicap moteur. Le langage non verbal de l'animal permet une connexion inespérée avec les autistes. Lorsqu'elle est pratiquée sur le cheval, l'équithérapie présente en outre un intérêt psychomoteur supplémentaire pour le cavalier, obligé de trouver son équilibre et sa tonicité musculaire pour tenir en selle.

Bons et mauvais côtés de l'équitation

Le cheval est le seul animal commun sur lequel nous montons (l'éléphant ou le dromadaire restant localisés). La monte non seulement nous donne une proximité charnelle unique avec une bête, mais elle implique des enjeux vitaux : sur un cheval en mouvement, on pense d'abord à ne pas tomber, ce qui mobilise le corps et le mental... et démobilise du reste.

Selon la Fédération française d'équitation, la monte permet à l'enfant cavalier d'apprendre à maîtriser son équilibre, de se muscler le dos et le ventre, redresser sa colonne, coordonner et dissocier ses gestes, savoir doser ses mouvements, prendre confiance en lui, maîtriser ses réactions émotionnelles, développer ses capacités d'analyse et acquérir le sens des responsabilités. Monter enseigne également le calme, la patience et l'écoute du cheval. Bref, le respect... à condition que l'éducation soit d'abord fondée sur le souci des besoins de l'animal, ce qui n'est pas toujours le cas. Pour un adulte, l'équitation peut prévenir le mal de dos en le musclant – s'il évite le tape-cul (en termes plus choisis : le « trot assis ») – et développe sensiblement les mêmes capacités de calme, d'attention ou d'analyse que pour les enfants.

Hélas, l'esprit de compétition, avec les rapports de force qui en découlent, sévit encore dans trop de centres équestres. L'ambiance dans les clubs hippiques où règne cet état d'esprit est plus teintée de rivalité que de bienveillance. Si vous sentez ce genre d'atmosphère, fuyez. D'autres lieux proposent d'autres méthodes. La compétition soulève un autre problème : on voit encore trop de jeunes cavaliers forcés par leurs parents à aller de concours en concours pour décrocher des coupes et des médailles. Pour l'enfant, c'est le départ tordu d'une vie très mal orientée.

En expansion depuis une vingtaine d'années, l'équitation « éthologique » repose sur un principe de monte douce, fondée sur la compréhension du cheval et sur la coopération. L'animal est souvent monté sans mors dans la bouche, presque libre, mais il reste assez connecté à son cavalier pour collaborer spontanément. L'avantage pour lui est un meilleur confort. Pour le cavalier, cette technique permet une grande complicité : c'est un peu plus que de l'équitation.

En réalité, la majorité des cavaliers ont besoin de se distraire plus que d'aller « à la compète », de retrouver un contact vrai et serein avec l'animal et la nature, de simplement s'octroyer quelques balades tranquilles ou des galops enivrants. Beaucoup de chevaux aiment réellement se dégourdir les jambes en promenade, ils adorent galoper, et dans ces conditions tout le monde peut y trouver son plaisir.

Rendre un cheval heureux

Un cheval n'a aucune envie qu'on lui monte sur le dos, c'est pénible pour lui et ça n'est pas son idée. Il ne faudrait jamais perdre cela de vue : cette remarque devrait figurer en gros sur tous les manuels d'équitation comme la donnée principale à prendre en compte lorsque l'on veut débuter dans ce sport. Cependant, si la monte n'est pas rude, le travail est le seul moment de distraction de certains chevaux. Mais il ne faut pas oublier de penser aux vrais besoins de l'animal : c'est un herbivore vivant naturellement en troupeau, il a donc avant tout besoin de compagnie et de pâturages. Or, le cheval ou le poney de club passent la quasi-totalité de leur vie dans une boîte : leur « box ». C'est comme si l'animal passait ses journées enfermé dans ses toilettes, alors qu'il a un constant besoin d'exercice. Certains cavaliers préconisent donc au moins une journée hebdomadaire de repos au pré pour les chevaux.

De plus en plus d'ânes, de poneys et de chevaux sont d'ailleurs désormais considérés comme des animaux de compagnie. On ne leur demande rien de particulier, sinon d'être là, d'offrir le beau spectacle de leur présence, et la chaleur de relations privilégiées.

Si vous croisez des équidés dans des prés, ils viendront sans doute à votre rencontre, car ils sont curieux et familiers. Ils apprécient qu'on leur caresse le chanfrein (la partie allant des naseaux jusqu'entre les deux yeux). Pour les friandises, des pommes si elles sont coupées ou du pain s'il est très dur éviteront qu'ils s'étranglent, les carottes sont idéales. Mais avec l'autorisation des « propriétaires » !

Devenez berger urbain

« Le berger avec ses moutons a l'air d'une église avec son village. »

Jules Renard.

Vous voulez rester citadin et devenir paysan, ou le contraire ? C'est aujourd'hui possible ! Le jardinage ou l'apiculture vous le permettent, et ce ne sont d'ailleurs pas les seules activités qui réintroduisent de la ruralité en ville : de grosses bêtes réinvestissent les milieux urbains et génèrent de nouveaux débouchés professionnels pour les personnes désirant s'épanouir avec les animaux.

Une bonne centaine de communes recourent par exemple aujourd'hui au service hippomobile : des chevaux de trait sont engagés pour assurer le ramassage scolaire pour la grande joie des enfants et des passants, d'autres sont voués à la collecte des déchets. Les avantages en sont évidents : pas d'émission de dioxyde de carbone, pas de bruit, mais un fort attrait du public, du lien social, et un intérêt pédagogique avec des animaux bien traités et travaillant dans des conditions satisfaisantes.

Bref, chez nos compagnons aussi les emplois sont en pleine évolution et proposent de nouveaux débouchés. Chez certains, comme les moutons, ce n'est pas la mission qui change mais la zone d'activité : ils se délocalisent. Et nous pouvons suivre le mouvement.

Les moutons sont entrés dans Paris

Dans la capitale, à Besançon, Arras, Lyon, Toulouse, dans bien d'autres municipalités de France ou sur des friches industrielles apparaissent petit à petit des troupeaux de moutons, de chèvres, d'ânes ou de vaches. Leurs missions ? Elles sont nombreuses : tondre les pelouses de façon écologique, sans pesticide, prévenir les incendies, générer des économies de main-d'œuvre, créer du lien social, éduquer les petits urbains, sensibiliser les habitants à la protection de la nature et des animaux, ou encore maintenir des races domestiques en voie de disparition. À Grenoble par exemple, ce sont des moutons de l'île écossaise de Soay, une variété relique d'animaux à cornes ressemblant à des mouflons, qui ont été engagés pour entretenir les espaces verts.

L'écopâturage urbain est en expansion et demande de la main-d'œuvre. Pourquoi pas vous ? Il est possible de devenir berger urbain, professionnel ou bénévole[1]. Par l'intermédiaire de l'Association Clinamen, la ville de Saint-Denis fait par exemple appel à une trentaine de bénévoles formés, qui se réapproprient l'espace urbain et font œuvre utile. Ces bergers particuliers sont aussi des éducateurs, ils nouent un lien fort avec les humains comme avec les animaux et avec la végétation. Une bergère bénévole témoigne : « Quand je suis avec des moutons, ils m'apaisent. Je ne suis plus en ville, mais en pleine nature[2]. » Pour une fois ce n'est pas la ville qui envahit la campagne, c'est la campagne qui fait un tour en ville !

---

1. Bergers urbains : www.bergersurbains.com
2. Salomé Menders interviewée par Marion Gordien, « Quand les moutons arrivent en ville », *QOA*, n° 9, novembre 2017.

Des poules dans les banlieues

Avoir de bons œufs frais chez soi chaque jour, voilà qui peut faire rêver même un végane, car ils seraient obtenus sans la violence des élevages en batterie. Des dizaines de milliers de poules sont désormais élevées en ville, suivant le même exode rural que les moutons. Leur intérêt est aussi écologique, car chacune recycle 150 kilos de déchets par an, et ce sont les plus lourds. Au point que certaines municipalités belges ou françaises proposent, et même donnent, des poules et des poulaillers en kit à leurs administrés pour réduire le volume des ordures et faire des économies de collecte. De plus, les fientes peuvent être recyclées en engrais.

Créer un poulailler répond à des normes et des règlements sur l'urbanisme, le bruit ou l'hygiène, bien que ces gallinacés caquètent peu et soient moins salissants que l'on croit. Si l'on considère qu'une poule a besoin de 10 m² pour pouvoir bien se dégourdir les pattes, la question de l'espace se pose également, mais les jardins de banlieue, les friches et les toits offrent encore de belles possibilités. En tout cas, un balcon est beaucoup trop étroit pour le bien-être des poules et les empêche de vivre leur comportement de grattage du sol : les élever à la maison reviendrait quasiment à reproduire la maltraitance des élevages industriels !

Les poules sont aussi des pédagogues à deux pattes : enfin, les enfants sauront d'où viennent les œufs ! L'intérêt de leur présence est encore affectif : les poules sont bien plus intelligentes qu'on le croit généralement, et elles se révèlent vite très attachantes. À noter également que ce sont des animaux sociaux : elles doivent être au moins deux pour se sentir bien. Et si elles s'épanouissent, vous vous épanouirez aussi...

Zoos et fermes pédagogiques

Contempler un dauphin allant et venant dans son bassin ou un lion tournant dans son enclos est fascinant, certes, mais guère plus. L'intérêt pédagogique d'un animal sauvage privé de ses comportements naturels est limité, voire contre-productif. Bien sûr, certains zoos participent à des programmes de sauvegarde ou de réintroduction d'espèces menacées, mais la plupart n'ont pas les moyens de protéger les milieux nécessaires à leur accueil. Or, l'avenir de la vie sauvage passe d'abord par la protection des habitats naturels.

Les fermes dites pédagogiques ne sont pas plus un reflet de la réalité que les zoos : on y tait le plus souvent le destin des animaux de boucherie que l'on y présente. Ce sont plus des musées montrant des animaux vivants aux enfants, et c'est là que réside leur intérêt premier. Mais il y en a un autre : de telles fermes seraient peut-être aussi l'avenir de ces bêtes, car elles pourraient servir à sauvegarder des races domestiques en voie de disparition. Moins consommés pour leur viande, vaches, chèvres et cochons pourraient alors trouver un destin paisible dans ces fermes pédagogiques où le seul travail consisterait à se laisser admirer ou caresser[1]. Il y a pire !

1. Il en existe une de ce type à Vauquois, dans la Meuse, créée par l'association Welfarm. L'association OABA (Œuvre d'assistance aux bêtes d'abattoirs) a également créé des « fermes du bonheur », refuges pour animaux sauvés de mauvais traitements. Dans le Limousin ce sont des animaux libérés du cirque qui sont recueillis, mais le refuge n'est pas ouvert au public.

Ne crachez pas sur la lamathérapie

« Quand lama fâché, *señor*, lui toujours faire ainsi. »

Zorrino s'adressant au capitaine Haddock,
Hergé, *Le Temple du Soleil*.

Le lama est en train de devenir un partenaire privilégié de la thérapie par l'animal. Il ne passe pas son temps à cracher, comme la lecture des aventures de Tintin nous le ferait croire : ce comportement original fait partie des relations entre lamas et ne s'adresse normalement pas aux humains[1]. En réalité, ce digne animal multiplie les qualités : il a une sérénité silencieuse très apaisante, une présence magique, un caractère docile (surtout les femelles), un poil très doux, un regard qui l'est tout autant, il semble toujours sourire, sa taille comparable à la nôtre le rend moins impressionnant que le cheval, sa silhouette verticale à l'avant est très humaine et son long cou soyeux à notre portée prête aux câlins. Encore très exotique dans nos régions, le lama a été

1. Le crachat est soit composé de salive, soit – dans les cas d'attaques les plus virulentes – de résidus digestifs qui sentent très mauvais. Ces crachats servent surtout aux mâles quand ils sont en rivalité. Un lama bien éduqué ne doit pas cracher sur un humain, de la même manière qu'un chien ne doit pas mordre. Le fait est rare.

domestiqué voici 4 000 à 5 000 ans en Amérique du Sud. Il fait partie de la famille des chameaux, les camélidés, et il descend des guanacos sauvages. Son proche parent l'alpaga domestique, lui, descend des vigognes. Il est le mammifère central des civilisations précolombiennes, très présent notamment dans la mythologie des Moches et des Incas.

En France, le premier élevage de lamas a été tenté dans les Vosges en 1860 pour le bât et la laine, et l'animal s'est peu à peu répandu dans tout le pays. Comme il ne peut porter que 20 kilos en moyenne, il n'est pas utilisé pour la monte, mais il transporte des charges, notamment lors de randonnées, car il a le pied très sûr. Le lama remplit aujourd'hui de multiples fonctions : pompier, car il limite les incendies en débroussaillant ; accompagnateur touristique tout terrain ; fournisseur d'une laine naturellement colorée pour des vêtements ou des tapisseries ; fabricant de fumier de qualité (il fait ses besoins dans un crottoir collectif très pratique) ; bête de concours de beauté ou d'obstacles ; gardien de troupeau de moutons contre les chiens errants, voire contre les loups ; ou encore médecin, car son sang présente des propriétés contre une leucémie des enfants ! Enfin, le lama est une mascotte idéale pour des séances de zooanimation, notamment dans les maisons de retraite et les Ehpad. Il existe désormais des élevages de lamas spécialisés dans la zoothérapie en Ardèche, dans la Drôme, dans le Var et ailleurs.

Un lama dans l'ascenseur

Pour qui connaît l'ambiance un peu triste et lourde d'un Ehpad, avec ses pensionnaires en fin de vie, statiques, enfermés entre les murs de l'établissement et perdus dans leur imaginaire déréglé, imaginez l'impact de la venue soudaine d'un lama : quelle surprise devant cette peluche géante, incongrue et vivante ! Alors les regards se réveillent, des sourires apparaissent, les langues se délient et des mains se tendent. Avec l'animal, la vie renaît.

Comment une telle bête est-elle arrivée là ? Par les escaliers, grâce à sa souplesse, ou par l'ascenseur, grâce à son format réduit ! Les plus petits lamas peuvent même s'asseoir sur des genoux pour une séance de câlinothérapie, car ils sont extrêmement délicats et cherchent à se faire les plus légers possible. Néanmoins, un lama est assez grand pour obliger des personnes âgées à lever les bras vers lui et à retrouver une mobilité délaissée. Comme il peut impressionner, il incite des pensionnaires intimidés à prendre sur eux pour le caresser, et ainsi à retrouver de l'assurance et de la confiance en eux.

De plus en plus d'établissements optent pour cette approche non médicamenteuse qui, sans guérir totalement des patients très atteints, stimule leur physique et leur mental, et leur procure une joie bienfaisante et réparatrice. Une visite régulière de l'animal rompt la monotonie de la vie en maison de retraite et offre à ses occupants, le reste du temps, la perspective motivante d'un prochain rendez-vous avec lui.

Les lamas et les alpagas sont aussi mobilisés en extérieur pour des ateliers de brossage ou des parcours de psychomotricité destinés à des malades présentant des troubles du comportement. Tenir son lama en franchissant des obstacles oblige à se concentrer en canalisant l'attention, redonne confiance en soi et soulage des tensions. Le lama apporte un soutien psychologique et embellit la vie. Et il n'en est pas fâché.

Rendre un lama heureux

L'animal coûte cher, son élevage demande de l'espace et des compétences, voire une formation sérieuse pour un rôle de randonneur ou de gardien de troupeau[1]. Le lama étant un mammifère très grégaire, il est préférable de réunir suffisamment d'individus

1. Renseignements auprès de l'Association française des lamas et alpagas : www.lamas-alpagas.org

pour que se crée une organisation sociale entre eux. Au strict minimum, votre lama aura besoin d'un animal « de compagnie » en permanence près de lui, même si celui-ci est d'une autre espèce. Il ne faut en aucun cas lui imposer de solitude, car son équilibre repose sur ses relations sociales. Comme pour les autres herbivores, pensez aussi à éviter la présence de plantes toxiques, comme le houx, le gui, l'if ou le datura.

Vibrez avec les abeilles

> « Abeille : Petit insecte capable de fabriquer du ciel. »
>
> Pef, *Dictionnaire des mots tordus*.

Les insectes de la famille des abeilles sont apparus sur Terre voici plus de 100 millions d'années, vraisemblablement en même temps que les plantes à fleurs. Les unes et les autres ont évolué ensemble, et les humains sont arrivés bien plus tard. Nos premiers rapports avec les abeilles dites domestiques ont d'abord été de voler leur miel. Leur étude était réservée aux élites et fut peu développée. Ainsi, l'on a cru jusqu'au XVIIIe siècle que la reine était un roi, simplement par préjugé misogyne ! Réaumur puis Maeterlinck ont posé les bases d'une véritable observation des mœurs de ces hyménoptères, et enfin l'éthologiste Karl von Frish a révélé le secret de leurs danses de communication, ce qui lui a valu de recevoir le prix Nobel de physiologie en 1973. Des chercheurs du monde entier continuent aujourd'hui d'apprendre sur l'intelligence des abeilles, leur mémoire, leurs facultés d'adaptation ou leurs communications. Les abeilles se parlent par la danse, par des phéromones, mais aussi au moyen de vibrations : elles émettent un chant comparable à celui des baleines. Les études d'Yves Le Conte de l'Inra et du professeur Martin Benzick ont permis d'identifier six vibrations particulières émises par les ruches, sortes de « mots » dont on ne connaît pas la signification.

Les abeilles domestiques, et surtout le millier d'espèces sauvages qui habitent nos régions, jouent un rôle essentiel dans la pollinisation des végétaux spontanés ou cultivés. Elles contribuent au passage à éliminer une partie du pollen de l'air, devenu allergène pour de nombreuses personnes. Bien qu'elles soient capables de piquer douloureusement, les abeilles domestiques comptent parmi les rares insectes connus et aimés du public. Sans doute le miel, la gelée royale ou la cire, mais aussi leur mystérieuse vie sociale, y sont pour quelque chose...

Aujourd'hui, le syndrome d'effondrement des colonies d'abeilles (appelé par les scientifiques « *colony collapse discorder* »), essentiellement causé par les pesticides qui les affaiblissent ou les tuent dans le monde entier, montre le sort que nos industries réservent à la nature et à ses habitants. L'abeille est un symbole de la raréfaction générale de la vie sur Terre. Certains cherchent à sauver les abeilles, d'autres à sauver le miel. Moins nombreux sont ceux qui tentent de communiquer avec elles.

Des abeilles contre le bourdon

Vous avez déjà certainement vu ces images étonnantes d'apiculteurs couverts d'abeilles sur le corps et le visage, et qui ne se font pas piquer. Une telle connivence avec des insectes tout prêts à défendre leur collectivité demande une confiance et une sérénité de yogi. C'est ce calme qui est recherché dans des stages de connexion avec ces hyménoptères : le yoga des abeilles. Le principe en est simple, mais osé : des stagiaires en pleine méditation ont le corps enduit de miel et laissent venir les abeilles sur eux[1]. La méditation sert à atteindre un état de relaxation et

1. Apithérapie et yoga des abeilles : www.apiculture-douce.org et www.ballot-flurin.com

de réceptivité qui met au diapason avec les insectes. Si vous êtes allergique ou si vous ne savez pas si vous l'êtes ou non (1 personne sur 100 l'est), abstenez-vous !

Faute de suivre un stage de yoga « apithérapeutique », ou de vous faire un masque d'insectes vrombissants (vous vous doutez que ça n'est pas recommandé, car cela demande une longue expérience), il est possible d'observer le va-et-vient des hyménoptères aux beaux jours, même en ville. Les abeilles sont des animaux pacifiques, comme leurs cousins les bourdons, et l'on peut s'en approcher sans crainte d'être attaqué : elles ne piquent que si elles sont agressées, particulièrement en ville où des variétés très pacifiques ont été sélectionnées. Inquiétants pour certains, ces insectes offrent à toutes et à tous une bonne occasion de chercher le calme intérieur qui permet de se laisser approcher. Ce sont précisément les gens nerveux, qui s'affolent au moindre vrombissement, qui auront un comportement provocateur d'accident. Un peu comme les chevaux et tant d'autres animaux, les abeilles réagissent instantanément à nos états mentaux et règlent leur attitude sur nous, d'où la nécessité de trouver le calme en soi. Les abeilles aussi sont des maîtres zen.

Conclusion

« Soyez le changement que vous voulez voir dans le monde. »

Gandhi.

Faire du bien fait du bien

Tout au long de ce livre, en fréquentant la nature et les animaux, nous avons éprouvé la réciprocité. Quand on caresse un chat on se fait autant de bien qu'on lui en procure, quand on invite de la verdure dans son bureau on fait aussi plaisir aux collègues, quand on laisse des enfants jouer dans les bois leur joie est contagieuse. Bref, faire du bien fait du bien. Au contraire, le repli sur soi et sur les biens matériels ne confère pas le bonheur escompté.

Des psychologues et des sociologues ont montré que les personnes ayant des valeurs fondamentalement matérialistes sont enclines à l'anxiété et à la dépression et souffrent d'un mauvais équilibre psychique[1]. Pour enfoncer le clou, une spirale toxique a été mise en évidence par des économistes : plus une personne (ou une population) gagne de l'argent, plus elle prend goût aux

1. Tim Kasser, *The High Price of Materialism*, MIT Press, 2002 ; David G. Myers, « The funds, friends, and faith of happy people », *APA American Psychological Association*, vol. 55, n° 1, 2000.

biens matériels[1]. Et plus elle y prend goût, plus elle veut gagner de l'argent afin d'en acquérir d'autres, sans finalement jamais en ressentir du contentement. Malgré ses richesses, le matérialiste se retrouve donc éternellement insatisfait ! Ce n'est pas l'argent qui fait le bonheur, mais plutôt la nature et l'échange, dans ce qu'ils ont de plus gratuit.

Or, la bienveillance et l'altruisme font un retour en force dans nos sociétés. Nous en avons un grand besoin, car nous vivons une dictature d'un genre nouveau, fondée sur le profit et sur la technologie, qui néglige impitoyablement l'épanouissement de l'humain. En réaction, partout dans le monde, des hommes et des femmes exemplaires tentent d'autres styles de vie plus respectueux des autres et de la nature et, petit à petit, loin des frivolités médiatiques, ils jettent les bases d'un avenir plus solide et plus radieux[2]. Ils font leur part, tel le colibri cher à Pierre Rabhi[3], et ils contribuent au progrès général. Grâce à ces personnes clairvoyantes, notre civilisation est tout doucement en train de changer de paradigme, c'est-à-dire de façon de penser et de fonctionner. Cette partie agissante de la population se développera peut-être jusqu'à atteindre un jour, espérons-le, un point de basculement qui réorientera le monde. « Le désir de transformer la société ne

---

1. Daniel Kahneman (prix Nobel d'économie 2002) et Angus Deaton (prix Nobel d'économie 2015), 2010 ; Richard Easterlin et son « paradoxe d'Easterlin », 1974.

2. Voir le livre *Se changer, changer le monde* de Christophe André, Jon Kabat-Zinn, Pierre Rabhi, Matthieu Ricard, Ilios Kotsou et Caroline Lesire (*op. cit.*) ou le film *Demain* de Cyril Dion et Mélanie Laurent (2015), optimiste et galvanisant, qui montre des initiatives environnementales et sociales prises dans dix pays différents. Voir encore *Happytalisme. Vers une sociéte du bonheur ?* de Olivier Menéndez, Libre & Solidaire, 2019.

3. Pierre Rabhi aime raconter cette légende amérindienne, qui met en scène des animaux pris dans un incendie. Malgré son bec minuscule, le colibri est le seul à apporter de l'eau pour éteindre le feu. Les autres lui font remarquer qu'il n'y arrivera pas, ce à quoi il rétorque : « Je sais, mais je fais ma part. » L'organisation citoyenne de Pierre Rabhi s'appelle d'ailleurs Mouvement Colibris.

peut faire l'économie de la transformation personnelle puisque chacun, à son échelle, contribue à ce que le collectif soit ce qu'il est », nous disent Marie Romanens, psychiatre et psychanalyste, et Patrick Guérin, psychologue consultant[1]. C'est donc tout logiquement à chacun d'entre nous de se prendre en main et de jouer les colibris, pour le bien de tous[2].

À NOUS DE JOUER !

De quelle manière pouvons-nous agir, chacun à son petit niveau ? Celui-ci semble limité peut-être, mais nous sommes extrêmement nombreux ! L'un des moyens les plus accessibles et des plus immédiats pour contribuer à changer les choses est déjà d'adhérer à (au moins) une association de défense de l'agriculture saine et équitable, de la protection de la nature et de la vie sauvage, une organisation humanitaire, de lutte pour le climat, ou tout autre mouvement citoyen. Vous avez le choix, aucune cause n'est mineure : le social va de pair avec l'écologique, tous les domaines sont liés et ne peuvent avancer qu'en même temps. Ce soutien de votre part sera plus que financier : son nombre d'adhérents renforcera l'association et la rendra plus crédible auprès des instances décisionnaires. De plus, vous aurez, grâce à ses publications, des informations inédites et précieuses, et des idées concrètes pour participer activement au changement. Cette première étape vous donnera des pistes d'action qui correspondent à ce que vous avez envie d'apporter et vous permettront peut-être d'orienter votre vie en lui donnant un autre sens.

Pour ma part, je considère que la nature me donne tellement que je lui dois quelque chose. En dehors de mes différents métiers, tous voués aux animaux, je m'investis dans une association que

---

1. Marie Romanens et Patrick Guérin, *Pour une écologie intérieure. Renouer avec le sauvage*, Le Souffle d'or, 2017.

2. Sébastien Bohler, *Le bug humain, pourquoi notre cerveau nous pousse à détruire la planète et comment l'en empêcher*, Robert Laffont, 2019.

j'estime profondément, l'ASPAS (Association pour la protection des animaux sauvages). Entre autres, l'ASPAS a pris l'initiative d'acheter de belles surfaces de nature, les « Réserves de vie sauvage », afin de les délivrer de toute exploitation mercantile. Dans ces lieux privilégiés, une belle atmosphère de calme et d'authenticité nous inonde et nous fait du bien. Ici ou ailleurs, nous avançons peu à peu dans la reconquête de notre nature extérieure, en parallèle de notre nature intérieure. Ces espaces préservés reflètent nos nouveaux rapports avec la nature et avec les animaux, où le respect (re)prend enfin sa place. Cette belle idée fait son chemin, et c'est un des chemins de notre bonheur.

Retour aux sources

Tout au long de ce livre, j'espère vous avoir transmis un peu, beaucoup, passionnément, cette intense joie de vivre que procurent la nature et les animaux. Des arbres centenaires aux chatons joueurs en passant par le feu ensorceleur, les vagues fougueuses de la mer, le chant des oiseaux et le parfum des fleurs, ces expériences concrètes vous ont plongé dans vos racines biologiques, et amené à un bénéfique retour aux sources. Elles vous ont reconnecté à vos sensations les plus authentiques et fait redécouvrir le bonheur d'être là, tout simplement, avec le ciel immense au-dessus de vous et des perspectives infinies. Finalement, c'est une révolution plutôt agréable et paisible. Mais elle est profonde. Elle vous invite simplement à faire des pauses dans votre vie, à vous délivrer de ce qui l'encombre pour rejoindre l'essentiel. Cette sagesse est la clé la plus naturelle pour vous faire du bien.

Ne vous laissez pas voler votre vie.

Le mot de la fin

« Dans les jardins du Muséum, conversation avec Marc Giraud [...]. Parfois, il s'arrête au milieu d'une phrase parce qu'un cri d'oiseau, dans le ciel ou sur un houppier, l'a perturbé. “C'est le chant de pluie d'un pinson !”, “C'est une mésange à tête noire !” s'exclame-t-il. D'habitude ce sont les téléphones portables qui hachent les conversations. J'aime savoir qu'il y a encore des gens qu'une mésange interrompt. »

Sylvain Tesson, *Géographie de l'instant*, « Oiseaux », Éditions des Équateurs, 2012.

Un grand merci à Sylvain Tesson d'avoir si joliment résumé, avant même qu'il voie le jour, l'état d'esprit de cet ouvrage.

Bibliographie

Développement personnel, méditation

Christophe André, *Méditer, jour après jour*, L'Iconoclaste, 2011.
Christophe André, Jon Kabat-Zinn, Pierre Rabhi, Matthieu Ricard, Ilios Kotsou et Caroline Lesire, *Se changer, changer le monde*, L'Iconoclaste, 2013.
Christophe André, Alexandre Jollien et Matthieu Ricard, *Trois amis en quête de sagesse*, Allary Éditions/L'Iconoclaste, 2016.
Frédéric Lenoir, *La Puissance de la joie*, Fayard, 2015.
Pierre Rabhi, *Vers la sobriété heureuse*, Actes Sud, 2013.
Matthieu Ricard, *L'Art de la méditation*, Pocket, 2010.
Eline Snel, *Calme et attentif comme une grenouille*, préface de Christophe André, Les Arènes, 2015.
Eckhart Tolle, *Mettre en pratique le pouvoir du moment présent. Méditations et exercices*, Éditions Ariane, 2002.
Youki Vattier, *Méditer puis agir*, illustrations de Lisa Zordan, Actes Sud/Kaizen, 2017.

Nature bénéfique

Odile Chabrillac, *Marcher pour se (re)trouver*, Leduc.s Éditions, 2017.
Philippe J. Dubois et Élise Rousseau, *Petite philosophie des oiseaux*, La Martinière, 2018.
Pascale d'Erm, *Natura. L'expérience de nature. Comment elle vous soigne et vous rend plus heureux*, Les Liens qui libèrent, 2019.
Louis Espinassous, *Pour une éducation buissonnière*, Éditions Hesse, 2010.
Nicolas Guéguen et Sébastien Meineri, *Pourquoi la nature nous fait du bien*, Dunod, 2012.
Alexandre Lacroix, *Devant la beauté de la nature*, Allary Éditions, 2018.
Éric Lambin, *Une écologie du bonheur*, Le Pommier, 2009.

Yves Paccalet, *Le Bonheur en marchant*, JC Lattès, 2000.
Dr Qing Li, *Shinrin Yoku. L'art et la science de la forêt*, First, 2018.
Denis Richard, *Quand jardiner soigne. Initiation pratique aux jardins thérapeutiques*, Delachaux et Niestlé, 2011.
Marie Romanens et Patrick Guérin, *Pour une écologie intérieure. Renouer avec le sauvage*, préface d'Éric Julien, Le Souffle d'or, 2017.
Florence Thinard, *Envie de bien-être dans la nature !*, illustrations de Cécile Hudrisier, Plume de carotte, 2016.

Nature

Valérie Chansigaud, *L'Homme et la nature. Une histoire mouvementée*, Delachaux et Niestlé, 2013.
Valérie Chansigaud, *Les Français et la nature. Pourquoi si peu d'amour ?*, Actes Sud, 2017.
Stéphane Durand, *20 000 ans ou la Grande Histoire de la nature*, Actes Sud, 2018.
Stéphane Durand et Gilbert Cochet, *Ré-ensauvageons la France. Plaidoyer pour une nature libre*, Actes Sud, 2018.
Theresa Carolin McLuhan, *Pieds nus sur la terre sacrée*, photos d'Edward S. Curtis, Denoël, 1995.
Alessandra Moro Buronzo, *La Conscience de la nature*, présentation de Stéphane Allix, La Martinière, 2013.
François Terrasson, *La Peur de la nature*, Sang de la Terre, 2007.
François Terrasson, *La Civilisation anti-nature*, Sang de la Terre, 2008.
Henry David Thoreau, *Walden ou la Vie dans les bois* [1922], Albin Michel, 2017.

Naturothérapie

Stéphane Boistard, *Gemmothérapie. Les bourgeons au service de la santé. Guide pratique et familial*, Terran, 2016.
Dr Françoise Couic Marinier, *Le Guide Terre vivante des huiles essentielles*, Terre vivante, 2017.
Danièle Festy et Isabelle Pacchioni, *Guide de poche d'aromathérapie. 48 huiles essentielles pour se soigner en toute simplicité*, Leduc.s Éditions, coll. « Poche », 2016.
Jacques Fleureutin, *Du bon usage des plantes qui soignent*, préface de Jean-Marie Pelt, Ouest-France, 2013.
Dr Claudine Luu, *250 remèdes naturels à faire soi-même*, préface de Jean-Marie Pelt, Terre vivante, 2016.
Jean-Michel Morel, *Traité pratique de phytothérapie*, Grancher, 2008.

Jean-Michel MOREL, *Le Guide de la gemmothérapie*, First, 2012.

Dr Max TÉTAU et Dr Daniel SCIEMA, *Rajeunir nos tissus avec les bourgeons. Guide pratique de gemmothérapie familiale*, Guy Trédaniel Éditeur, 2011.

Dr Jean VALNET, *La Phytothérapie. Se soigner par les plantes*, Le Livre de Poche, 1986.

PRÉVENTION

Sébastien BOHLER, *Le bug humain, pourquoi notre cerveau nous pousse à détruire la planète et comment l'en empêcher*, Robert Laffont, 2019.

Corinne GOUGET, *Additifs alimentaires. Le guide indispensable pour ne pas vous empoisonner*, Éditions Charriot d'Or, 2012.

Catherine LEVESQUE, *Le Grand Livre antitoxiques. Perturbateurs endocriniens, additifs alimentaires, pesticides... Se protéger de tous les poisons du quotidien*, Leduc.s Éditions, 2017.

Fabrice NICOLINO, *Lettre à une petiote sur l'abominable histoire de la bouffe industrielle*, Les Échappées, 2017.

Fabrice NICOLINO et François VEILLERETTE, *Nous voulons des coquelicots*, Les Liens qui libèrent, 2018.

ANIMAUX

Yolaine DE LA BIGNE (dir.), *Les Secrets de l'intelligence animale*, préface de Pascal Picq, Larousse, 2018.

Aymeric CARON, *Antispéciste. Réconcilier l'humain, l'animal et la nature*, Don Quichotte Éditions, 2016.

Hélène GATEAU, *Des hommes et des animaux*, préface de Yann Queffélec, Carnets Nord, 2016.

Karine LOU MATIGNON (dir.), *Révolutions animales. Comment les animaux sont devenus intelligents*, préface de Jane Goodall, Les Liens qui libèrent, 2016.

Matthieu RICARD, *Plaidoyer pour les animaux. Vers une bienveillance pour tous*, Allary Éditions, 2014 [Pocket, 2015].

ZOOTHÉRAPIE, GÉNÉRALITÉS

Georges-Henri ARENSTEIN et Jean LESSARD, *La Zoothérapie. Nouvelles avancées*, Options Santé Éditions, 2010.

François BEIGER, *L'Enfant et la médiation animale. Une nouvelle approche par la zoothérapie*, Dunod, 2008.

Maryse DE PALMA, *Entre l'humain & l'animal. La zoothérapie*, Ambre, 2013.

José Sarica et Nassera Zaïd, *Zoothérapie. Le pouvoir thérapeutique des animaux*, Arthaud, 2017.

Communication animale

Flore De Clercq, *Que disent les chats... quand on leur pose les bonnes questions*, Le Courrier du Livre, 2017.
Anna Evans, *Manuel de communication intuitive homme-animal*, Éditions Favre, 2018.
Fabienne Maillefer, *La Communication animale intuitive. À la rencontre de la conscience animale*, Jouvence Éditions, 2017.
Laila del Monte, *Communiquer avec les animaux*, Éditions Véga, 2008.

Chiens

Philippe Hofman, *Le chien est une personne. Psychologie des relations entre l'humain et son chien*, Albin Michel, 2015.
Patrick Pageat, *L'Homme et le chien*, Odile Jacob, 1999.
Rupert Sheldrake, *Ces chiens qui attendent leur maître et autres pouvoirs inexpliqués des animaux*, Éditions du Rocher, 2001.

Chats

Véronique Aïache, *La Ronron Thérapie. Ces chats qui nous guérissent* [2009], Le Courrier du Livre, 2014.
Dr Laetitia Barlerin, *Chats. Tout ce qu'ils essaient de nous dire*, Albin Michel, 2018.
Joël Dehasse, *Tout sur la psychologie du chat*, Odile Jacob, 2005.
Anne-Claire Gagnon, *Ce chat qui a changé ma vie*, préface de Matthieu Ricard, Larousse, 2016.

Chevaux

Jean-Paul Bérard, Arnaud Camus et Laurence Flichy, *Équicoaching. L'intelligence émotionnelle au cœur de l'entreprise*, Actes Sud, 2016.
Marie-France Bouissou et Michel-Antoine Leblanc, *Cheval, qui es-tu ?*, Belin, 2004.
Magali Delgado et Frédéric Pignon, photographies de Agnès Galletier et Gabriele Boiselle, *La Force du lien.* Actes Sud, 2014.
Marthe Kiley-Worthington, *Le Comportement des chevaux*, Zulma, 1999.

Articles universitaires

F. Ahmad, T. J. Quinn, J. Dawson, M. Walters, « A link between lunar phase and medically unexplained stroke symptoms: An unearthly influence? », *Journal of Psychosomatic Research*, 65(2), août 2008, p. 131-133.

K. Allen, « Are pets a healthy pleasure? The influence of pets on blood pressure », *Current Directions in Psychological Science*, 12(6), 2003, p. 236-239.

Y.-C. P. Arai, S. Sakakibara, A. Ito, K. Ohshima, T. Sakakibara, T. Nishi, S. Hibino, S. Niwa, K. Kuniyoshi, « Intra-operative natural sound decreases salivary amylase activity of patients undergoing inguinal hernia repair under epidural anesthesia », *Acta Anaesthesiologica Scandinavica*, 2(7), juillet 2008.

J. A. Blumenthal, M. A. Babyak, K. A. Moore, « Effects of exercise training on older patients with major depression », *Archive of Internal Medicine*, 159(19), 1999, p. 2349-2356.

R. Braden, S. Reichow, M. A. Halm, « The use of the essential oil lavandin to reduce preoperative anxiety in surgical patients », *Journal of PeriAnesthesia Nursing*, 4(6), décembre 2009, p. 348-355.

G. N. Bratman, J. P. Hamilton, K. S. Hahn, G. C. Daily, J. J. Gross, « Nature experience reduces rumination and subgenual prefrontal cortex activation », *PNAS*, 112(28), juillet 2015, p. 8567-8572.

M. Burchett, F. Torpy, J. Tarran, « Greening the great indoors for human health and wellbeing », *Horticulture Australia*, 2010.

K. Costello, G. Hodson, B. Bastian, S. Loughnan, « When closing the human-animal divide expands moral concern: The importance of framing », *Sage*, 3(4), 2012, p. 421-429.

S. Creel, J. E Fox, A. Hardy, J. Sands, B. Garrott, R. O. Peterson, « Snowmobile activity and glucocoticoid stress responses in wolves and elk », *Conservation Biology*, 16(3), 2002, p. 809-814.

R. A. Easterlin, « Does economic growth improve the human lot? Some empirical evidence », *Nations and Households in Economic Growth*, 1974, p. 89-124.

A. C. Fraser-Smith, « ULF tree potentials and geomagnetic pulsations », *Nature*, 271, 1978, p. 641-642.

P. Grahn, F. Martensson, B. Llindblad, P. Nilsson, A. Ekman, « Ute på dagis [Garderie en plein air] », *Stad and Land* [Ville et campagne], n° 145, 1997.

M. Grimes, « Helping behavior commitments in the presence of odors: Vanilla, lavender, and no odor », *National undergraduate research cleaning house*, volume II, 1999.

P. H. KAHN Jr, S. R. KELLERT, « *Children and nature: Psychological, sociocultural and evolutionary investigations* », MIT Press, 2002.

D. KAHNEMAN, A. DEATON, « High income improves evaluation of life but not emotional well-being », *PNAS*, 107(38), septembre 2010, p. 16489-16493.

A. KATCHER, A. M. BECK, « *New perspectives on our lives with companion animals* », Philadelphie, University of Pennsylvania Press, 1983.

A. KATCHER, E. FRIEDMAN, « Social interaction and blood pressure: Influence of animal companions », *The Journal of Nervous and Mental Disease*, 171(8), 1983, p. 461-465.

D. KELTNER, R. BOWMAN, H. RICHARDS, « Exploring the emotional state of « real happiness ». A study into the effects of watching natural history television content », Berkeley et BBC, 2017.

B.-S. KWEON, W. C. SULLIVAN, A. R. WILEY, « Green common spaces and the social integration of inner-city older adults », *Sage*, 30(6), novembre 1998, p. 832-858.

B. LEFLET, « Lunar phase effect on criminal activity and crisis calls: Does a correlation exist? », Missouri Western State University, 1998.

R. N. LEMAITRE, D. S. SISCOVICK, « Leisure-time physical activity and the risk of primary cardiac arrest », *Archive of Internal Medicine*, 159(7), 1999, p. 686-690.

P. G. LINDQVIST, E. EPSTEIN, M. LANDIN-OLSSON, C. INGVAR, K. NIELSEN, M. STENBECK, H. OLSSON, « Avoidance of sun exposure is a risk factor for all-cause mortality: Results from Melanoma in Southern Sweden cohort », *Journal of Internal Medicine*, 276(1), 2014.

C. LOCHER, A. FREY NASCIMENTO, I. KIRSCH, J. KOSSOWSKY, A. MEYER, J. GAAB, « Is the rationale more important than the deception? A randomized controlled trial of placebo analgesia », *Pain*, 158(12), décembre 2017, p. 2320-2328.

V. I. LOHR, C. H. PEARSON-MIMS, G. K. GOODWIN, « Interior plants may improve worker productivity and reduces stress in a windowless environment », *Journal of Environmental Horticulture*, 14(2), juin 1996, p. 97-100.

P. MEYER, « Stairs instead of elevator at workplace: cardioprotective effects of a pragmatic intervention », *European Journal of Preventive Cardiology*, 17(5), 2010, p. 569-575.

Y. MIYAZAKI, MOTOHASHI, « Forest environment and physical response », dans Y. Agishi, Y. Ohtsuka (éd.), *Recent progress in medical balneology and climatology*, Hokaido University, 1995.

E. O. MOORE, « A prison environment's effect on health care service demands », *Journal of Environmental Systems*, 11(1), 1981.

R. Nakamura, E. Fujii, « Studies of the characteristics of the electroencephalogram when observing potted plants: *Pelargonium hortorum* 'Sprinter Red' and *Begonia evansiana* », *Technical Bulletin of the Faculty of Horticulture of Chiba University*, 43, 1990, p. 177-183.

R. Nakamura, E. Fujii, « A comparative study on the characteristics of electroencephalogram inspecting a hedge and a concrete block fence », *Journal of the Japanese Institute of Landscape Architects*, 55(5), 1992, p. 139-144.

M. Niedermeier, J. Einwanger, A. Hartl, M. Kopp, « Affective responses in moutain hiking. A randomized crossover trial focussing on differences between indoor and outdoor activity », *PLoS ONE*, 12(5), 2017.

Y. Ohtsuka, N. Yabunaka, S. Takayama, « Shinrin-yoku (forest-air bathing and walking) effectively decreases blood glucose levels in diabetic patients », *International Journal of Biometeorology*, février 1998, issue 3, p. 125-127.

C. Paddock, « Cat owners have lower heart attack risk, study », *Medical News Today*, février 2008.

B.-J. Park, Y. Tsunetsugu, T. Kasetani, H. Hirano, T. Kagawa, M. Sato, Y. Miyazaki, « Physiological effects of shinrin-yoku (taking in the atmosphere of the forest) using salivary cortisol and cerebral activity as indicators », *Journal of Physiological Anthropology*, 26(2), mars 2007, p. 123-128.

S.-A. Park, C. A. Shoemaker, M. D. Haub, « Physical and psychological health conditions of older adults classified as gardeners or non-gardeners », *HortScience*, 44(1), février 2009, p. 206-210.

O. Pino, F. La Ragione, « There's something in the air: Empirical evidence for the effects of negative air ions (NAI) on psychophysiological state and performance », *Research in Psychology and Behavioral Sciences*, 1(4), 2013, p. 48-53.

V. Reynolds, *The green gym: An evaluation of a pilot project in sonning common, oxfordshire*, Oxford Centre for Health Care Research and Development, 1999.

V. Reynolds, *Well-being comes naturally: An evaluation of the BTCV Green Gym at Portslude, East Sussex*, Oxford Centre for Health Care Research and Development, 2002.

E. M. Roman, G. Soriano, M. Fuentes, M. Luz-Galvez, C. Fernandez, « The influence of the full moon on the number of admissions related to gastro-intestinal bleeding », *International Journal of Nursing Practice*, 10(6), 2004, p. 296.

H. B. Shakya, N. A. Christakis, « Association of facebook use with compromised well-being: A longitudinal study », *American Journal of Epidemiology*, 185(3), février 2017, p. 203-311.

P. L. Strick, R. P. Dum, D. J. Levinthal, « Motor, cognitive and affective areas of the cerebral cortex influence the adrenal medulla », *PNAS*, 113(35), 2016, p. 9922-9927.

T. Suni, M. Kulmala, A. Hirsikko, « Formation and characteristics of ions and charged aerosol particles in a native Australian eucalypt forest », *Atmospheric Chemistry and Physics*, 8(1), 2008, p. 129-139.

H. Toriyama, « Individuality in the anomalous bioelectric potential of silk trees prior to earthquakes », *Science Reports of Tokyo Woman's Christian University*, 41, 1991, p. 1067-1077.

M. J. West, *Landscape views and stress responses in the prison environment*, Thèse de doctorat, University of Washington, 1986.

M. White, A. Smith, K. Humphryes, S. Pahl, D. Snelling, M. Depledge, « Blue space: The importance of water for preference, affect, and restorativeness ratings of natural and built science », *Journal of Environmental Psychology*, 30(4), décembre 2010, p. 482-493.

B. C. Wolverton, A. Johnson, K. Bounds, « Interior landscape plants for indoor air pollution abatement », *NASA Technical Reports Server*, 1989.

Y. Yamasaki-Miyamoto, M. Yamasaki, H. Tachibana, K. Yamada, « Fucoidan induces apoptosis through activation of caspase-8 on human breast cancer MCF-7 cells », *Journal of Agricultural and Food Chemistry*, 57(18), 2009, p. 8677-8682.

Petit guide des guides d'identification

• FLEURS. Un des guides les plus faciles d'utilisation pour s'initier à la botanique, car il est sélectionné par couleurs : Aichele Dietmar, *Quelle est donc cette fleur ?*, Nathan, 2017.

• FLEURS. Un peu lourd pour l'emporter sur le terrain, mais complet et finement illustré : David Streeter *et al.*, *Guide Delachaux des fleurs de France et d'Europe*, Delachaux et Niestlé, 2011.

• INSECTES. Le meilleur guide est incontestablement le *Chinery*, car il présente une sélection de nos insectes les plus courants, parfaitement bien dessinés, dans une position vivante telle qu'on les rencontre *in situ*. Il comprend quelques araignées, qui ne sont pas des insectes, et l'essentiel des papillons : Michael Chinery, *Insectes de France et d'Europe occidentale*, Flammarion, 2012.

• OISEAUX. Le *Peterson*, du nom du dessinateur, a longtemps été LA référence de tous les amateurs d'oiseaux. Assez simple pour convenir à des débutants, il est néanmoins complet et présente toutes les espèces que vous pouvez rencontrer, avec un ingénieux système de repérage : Roger Peterson *et al.*, *Guide Peterson des oiseaux de France et d'Europe*, Delachaux et Niestlé, 2010.

• OISEAUX. *Le Guide ornitho* offre des dessins plus élaborés que le *Peterson*, avec plus de nuances sur les différents plumages (juvénile/adulte, mâle/femelle, nuptial/hiver), mais il présente beaucoup d'espèces de régions lointaines qui le rendent difficile d'accès pour débuter : Lars Svenson *et al.*, *Le Guide ornitho*, Delachaux et Niestlé, 2017.

• AMPHIBIENS et REPTILES. Pour les grenouilles, les crapauds, les lézards ou les serpents : Nicholas Arnold et Denys Ovenden, *Le Guide herpéto. 199 amphibiens et reptiles d'Europe*, Delachaux et Niestlé, 2014.

• MAMMIFÈRES. Pour identifier les espèces belges, suisses ou françaises, y compris des inattendues comme les phoques ou le raton laveur, mais aussi pour s'étonner de la proximité de l'élan (en Allemagne) ou de la panthère (en Turquie) : Stéphane Aulagnier *et al.*, *Guide des mammifères d'Europe, d'Afrique du Nord et du Moyen-Orient*, Delachaux et Niestlé, 2016.

Adresses utiles

Action solidaire et citoyenne : Astérya, association qui vous aide à vous investir selon vos désirs et votre lieu de résidence, http://www.asterya.eu/
Agriculture paysanne : AMAP (Associations pour le maintien d'une agriculture paysanne), www.reseau-amap.org
Animaux sauvages : ASPAS (Association pour la protection des animaux sauvages), créatrice des Réserves de vie sauvage, tél. 04 75 25 10 00, www.aspas-nature.org
Apiculture : UNAF (Union nationale de l'apiculture française), www.unaf-apiculture.info
Apiculture et réinsertion : Gernev Glaz Gwenan, http://gernevgwenan.fr
Bergers urbains, https://www.bergersurbains.com
Bio : pour favoriser l'agriculture bio locale et équitable, et l'information des consommateurs, Bio consom'acteurs, www.bioconsomacteurs.org
Cheval, développement personnel en individuel, en groupe ou professionnel (95830 Frémecourt) : www.visionpure.fr et www.eponaquest.fr
Cheval, équicoaching : tél. 01 47 63 50 50 www.equicoaching.fr
Cheval, équicoaching méthode Epona www.eponaquest.fr/instructeurs-eponaquest-recommandes/instructeurs-eponaquest-france/
Chien, cynothérapie, ou thérapie par le chien : Parole de chien, www.parole-de-chien.com
Chiens d'assistance pour les personnes en situation de handicap : Handi'chiens, www.handichiens.org
Écrans : CoSE (Collectif surexposition écrans), http://www.surexpositionecrans.org
Éducation : CERAP (Centre d'étude et de recherche appliquée en psychopédagogie perceptive), www.cerap.org

Éducation, clubs pour enfants : FCPN (Fédération des clubs Connaître et protéger la nature), www.fcpn.org

Éducation : Réseau École et Nature, association pour une éducation à l'environnement, www.reseauecoleetnature.org

Herboristeries, liste consultable sur www.viva-vous.net/services/herboristes.php

Jardinage : JTSE (réseau national du Jardin dans tous ses états), www.jardins-partages.com

Jardinage participatif : Les Incroyables comestibles, www.lesincroyablescomestibles.fr

Jardinage, grainetier bio : Ferme de Sainte-Marthe, www.fermedesaintemarthe.com

Jardins et santé mentale : Jardins et santé, association œuvrant dans le domaine de la santé mentale par le jardinage, www.jardins-sante.org

Lamas : Association française des lamas et alpagas, http://www.lamas-alpagas.org

Lamathérapie : Ardèche lamas, http://www.ardeche-lamas.com, tél. 04 75 04 35 31

Luminothérapie : International Light Association, www.international-light-association.org

Mouvement citoyen : Colibris, www.colibris-lemouvement.org

Marche : Fédération française de randonnée pédestre, www.ffrandonnee.fr

Marche : Marche consciente, ou yoga de la marche, www.danilo-zanin.com

Muséum : Muséum national d'histoire naturelle, www.mnhn.fr

Nature en ville : Guerrilla Gardening France, mouvement militant pour réintroduire la nature en ville et favoriser l'agriculture urbaine, www.guerilla-gardening-France.fr

Naturopathie : Association française de naturopathie, www.naturopathe.net

Oiseaux : la LPO (Ligue pour la protection des oiseaux) propose des sorties nature un peu partout en France, tél. 05 46 82 12 34, www.lpo.fr

Paysages de France, pour préserver nos villes et nos terroirs des agressions de la publicité, www.paysagesdefrance.org

Phytothérapie et formation professionnelle, IESV (Institut européen des substances végétales), www.iesv.org
Poules en ville : Adopte une poule, www.adopteunepoule.fr
Prévention de la violence : Enfant-animal-nature, www.enfantanimalnature.fr
Protection des animaux de boucherie et poissons d'élevage : L214 – Éthique et animaux, www.l214.com, tél. : 06 20 03 32 66.
Regard nouveau sur l'extraordinaire : *Inexploré*, magazine de l'Inrees (Institut de recherche sur les expériences extraordinaires), www.inrees.com
Santé durable : Fondation Pileje, www.fondation-pileje.com
Santé, maladie de Lyme : France Lyme, www.francelyme.fr ; Lyme sans frontières, www.associationlymesansfrontieres.com ; Réseau sur la borréliose de Lyme, www.reseauborreliose.fr
Savoir être et vivre ensemble : SEVE, www.fondationseve.org
Sciences participatives : Vigie-Nature, pour observer autour de soi et participer aux recensements du Muséum national d'histoire naturelle, www.vigienature.mnhn.fr
Yuka, application pour scanner et décrypter les étiquettes des produits alimentaires, www.yuka.io
Zoothérapie, Institut français de zoothérapie, www.institutfrancaisdezootherapie.com

Remerciements

Des remerciements particuliers à Mireille Gendrier, qui m'a permis de plonger la nuit pour découvrir l'univers magique des poissons endormis. Merci encore à Mireille pour sa générosité et son investissement, sa science des huiles essentielles, sa pratique de la lamathérapie et tant d'autres expériences qui ont considérablement enrichi cet ouvrage.

Des remerciements chaleureux à Annabelle Pongratz, psychologue clinicienne, phytothérapeute et neuro-comportementaliste, pour ses pertinentes contributions. Sa force vitale fait mon admiration.

Merci à Évelyne Joly, Florence Giardi, Corinne Bisserier, au docteur Christel Bailly et à Alain Clément pour leurs conseils et suggestions.

Remerciements à Jeanne Cochin pour son œil avisé, à Stéphanie Zweifel, Claude Picolin, Coralie Matera, Michel Larrieu et Philippe J. Dubois des éditions Delachaux et Niestlé pour leur fidélité, et à Mélanie Crequer pour ses dessins sensibles.

Et une pensée spéciale pour Yvonne Millerand, qui m'a enseigné le yoga alors que j'étais encore enfant, et à ses filles France et Béatrice, toujours si présentes.

www.melaniecrequer.com